**Puer Romanus**

Forum Rōmānum.

## *LINGUA LATĪNA*

# PUER RŌMĀNUS

BY

R. B. APPLETON, M.A.

AND

W. H. S. JONES, M.A.

'Est quod māne legās, est et quod vespere; laetīs
Sēria mīscuimus, temperiē ut placeant.'

OXFORD
AT THE CLARENDON PRESS
1913

OXFORD UNIVERSITY PRESS
LONDON    EDINBURGH    GLASGOW    NEW YORK
TORONTO    MELBOURNE    BOMBAY
HUMPHREY MILFORD M.A.
PUBLISHER TO THE UNIVERSITY

# PREFACE

THIS book is meant to fill the gap between a First Year Reader such as *Primus Annus* and the reading of an actual Latin author. It may be begun in the first term of the second year, but the authors themselves prefer to postpone its use until the second term of that year. It will thus probably carry one on until the end of the first term of the third year. Those who prefer to do so may even use it one term later than this. If it is begun in the second term of the second year it will be found advisable to spend the first term of that year in teaching the regular syntax constructions by purely oral work.

Although not a lengthy book, it will be found sufficient for three terms if plenty of conversation is based upon it. Those who feel so disposed may avail themselves of the exercises at the end, but a competent teacher will soon conduct conversations of his own based upon the narrative. This latter course is, indeed, essential to the success of the direct method. Whichever course is followed, the actual reading of the narrative should be at a moderately quick pace, and it is essential that there should be sufficient rapid 'give and take' of conversation between the teacher and the class to maintain a lively interest throughout.

The syntax proceeds on a certain plan; one section is taken up after another and there is plenty of repetition. The book has been tried in the class-room and changed where experience showed that to be desirable. The subject-matter has been taken from ancient authors where it was possible, but the final form is the work of those whose names are on the title-page. Mr. Jones has been responsible for the first twenty-two pages.

The authors wish to acknowledge in no perfunctory manner the kindness of their colleague, Mr. E. Broome. With a readiness to help his friends which only they can fully appreciate, he has bestowed much skilful care upon the illustrations. These are an essential feature of this little book. They also wish most heartily to thank Mr. A. W. Spratt, Fellow and Tutor of St. Catharine's College, for his careful reading of the proofs.

## Ego et vīta mea.

Ego dē mē ipsō, dē parentibus, dē frātre, dē sorōribus, dē amīcīs, dē omnī meā vītā sum tibi nārrātūrus. Rōmānus sum puer, annōs nātus duodecim. Nōmina nostra ignōrās; sciō tē ignōrāre; nēmo enim tibi dīxit. Nōmina igitur sine morā dīcam. Prīmum dē patre. Ille appellātur Sextus Cornēlius Polliō. Sextus ipsum dēsīgnat, Cornēlius gentem, Polliō familiam. Itaque haec habet tria, praenōmen, nōmen, cōgnōmen. Nunc dē mātre dīcam. Illa nōminātur Terentia. Frātrī praenōmen est Gāius; sorōrēs appellantur Prīma, Secunda, Tertia. Ego autem appellor Lūcius.

Quās rēs tū cottīdiē facis, eās ego quoque faciō. Ē lectulō surgō, patrem, mātrem, frātrem, sorōrēs salvēre iubeō, edō, lūdō adsum, lūdō. In lūdō tamen—mīrābile dictū— nōn lūdō sed discō. Magister enim, quī māximē est sevērus, neque mē sinit lūdere neque cēterōs puerōs. Sī lūdimus, poenās damus. Heu! quantā sevēritāte pūnit magister! Ego, ō mē miserum, sciō quantā sevēritāte pūniat! Rogāsne quid in lūdō faciāmus? Scrībimus, recitāmus, poētās legimus. Rogāsne quōs legāmus poētās? Ego dīcam dum tū discis. Horātī, Vergilī, Terentī legimus omnia opera. Quālēs hī fuerint, et quando vīxerint, aliquandō fortāsse discēs. Post lūdum domum redeō. Ut gaudeō, ut gaudēmus omnēs, quotiēns ē lūdō alterō exīmus et alterum lūdum petimus! Alterō enim in lūdō, ut iam dīxī, discimus; alter lūdus etiam lūsus nōminātur.

Quī sīmus, mī amīce, iam nōvistī; quālēs sīmus partim scīs, partim nescīs; ubi habitēmus omnīnō īgnōrās. Heu! multa, īmmō vērō plūrima vel omnia īgnōrās. Opus longum mihi est prōpositum, īmmō vērō longissimum. Dīcam enim dē Ītaliā, dē Brundisiō, dē Rōmā, dē aliīs terrīs urbibusque, dē mīlitibus nostrīs, dē magistrātibus, dē prīncipe, dē cibō, dē vestīmentīs, dē aedificiīs, dē omnibus rēbus hominibusque.

Pater meus est Brundisīnus; nam Brundisiī habitat. Magistrātum tenet ille, nam Brundisium est mūnicipium in quō duo sunt magistrātūs, quī duumvirī nōminantur. Pater igitur meus summō est honōre apud cīvēs Brundisīnōs.

Sed fortasse negās tē scīre ubi sit mūnicipium Brundisium. Itaque iubeō tē spectāre tabulam; sī spectābis, vidēbis ubi stet mūnicipium. Nōnne vidēs? Ecce in ultimō stat angulō Ītaliae, ad orientem versum. Oriēns ea est regiō ubi oritur sōl; occidēns ea est regiō ubi sōl occidit in ōceanum; merīdiēs ea ad quam sōl mediā hōrā diēī vertitur; septentriō vel septentriōnēs ita nōminātur, quod in eā parte caelī septem sīdera cōnspiciuntur, quae septem triōnēs vocantur, hoc est, septem bovēs. Nōnnūllī autem ursam appellant hoc sīgnum.

Sed regiōnibus caelī relictīs ad oppidum revertimus in quō habitāmus ego et pater et māter et cēterī. Domus nostra in viā māximā est sita, in qua viā habitant cīvēs nōbiliōrēs. Domum intrās per iānuam, quae semper stat clausa nisi quis intrat. Sī vīs intrāre, iānuam pultās. Quō factō ecce venit iānitor (is iānuam intus cūstōdit) et iānuam reserat. Iānuā reserātā in vēstibulum imus, deinde in ātrium; sīc enim nōminātur aula. Mediō in ātriō est stāgnum, impluvium nōminātum, in quod pluviae cadunt et stāgnum faciunt. Super impluvium nūllum tēctum est, sed spatium apertum quod compluvium vocant. Prope stāgnum est āra ; prope āram stant Larēs.

In ātriō nōs omnēs diem agimus. At dormīmus in cellīs, quae multae sunt circum ātrium aedificātae. Servī tamen ante portās cellārum dormiunt.

Post ātrium est tablīnum, quod est prīvātum patris conclāve. Sunt autem bīnae faucēs, alterae ex dextrā, alterae ex sinistrā, per quās in apertum aliquod spatium ītur quod peristȳlium nōminātur. Circum hoc peristȳlium alterae sunt cellae. Postrēmō est aliud conclāve adiūnctum, triclīnium quod vocant ; hīc cēnāmus.

Nunc respondē mihi dē domō interrogantī :—dīc mihi per quid domum intrēs. Cūr sedet iānitor in cellā ? Cūr iānuam pultās ? Num īgnōrās ? Ō puerum immemorem ! Sī īgnōrās, ego prō tē respondēbō. Sed iubeō tē attentō esse animō, ut discās omnia. Per iānuam intrās domum ; in cellā sedet iānitor ut iānuam cūstōdiat ; pultās iānuam ut iānitor iānuam reseret. Tū iam respondē, sī poteris. Cūr est impluvium in ātriō ? Ubi dormiunt servī ? Potesne mihi dīcere cūr istīc dormiant ?

### Lūdus.

Scīsne quid sit lūdus ? Nōnne tū quoque lūdum frequentās ?

Locus est, in quō lītterās discimus. Propriē nōminātur lūdus lītterārius. Aliī enim sunt lūdī ; saltātōrius, ubi discunt saltāre, gladiātōrius, ubi gladiātōrēs pūgnāre discunt. Nōs tamen, ego et amīcī meī, lūdum frequentāmus ut discāmus lītterās. Ante lūcem lūdum petimus, loculīs lacertō sinistrō suspēnsīs, et servō vel paedagōgō comitante.

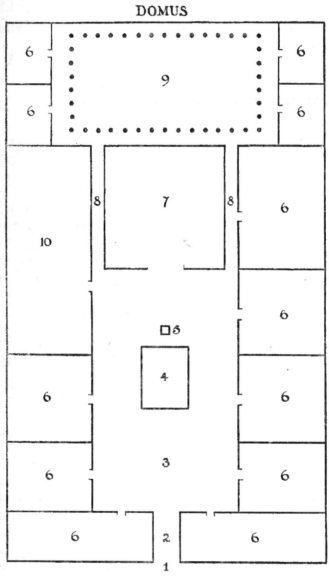

1. Iānua. 2. Vēstibulum. 3. Ātrium. 4. Impluvium.
5. Āra. 6. Cellae vel Cubicula. 7. Tablīnum. 8. Fauces.
9. Peristȳlium. 10. Triclīnium.

Ōlim puer quīdam ad portam lūdī hōs cecinit versiculōs :—

Quid tibi nōbīscum est, lūdī scelerāte magister,
    invīsum puerīs virginibusque caput?

Heu! audit magister ipse. Statim alterum iubet in umerōs eum sublevāre, alterum pedēs retinēre, dum ipse virgīs caedit. Ego taceō, nē in mē quoque saeviat. Ō crūdēlem magistrum! Nōn male Horātius magistrum suum dīxit esse 'plāgōsum'. Quot plāgās, quot verbera patī cōgimur!

Magister in cathedrā solet sedēre, nōs circum eum sedēmus. Ē parietibus dēpendent tabulae; nōn procul in angulō stant capsae, in quibus librī poētārum servantur. Nōs discipulī dextrā tenēmus calamum, sinistrā aut papȳrum aut tabulam cērātam, quam in genū dēpōnimus ut scrībāmus. Discimus scrībere, recitāre, ratiōnēs dūcere. Iam litterās Graecās et Latīnās ā grammaticō didicimus; mox ā rhētore discam artem rhētoricam.

Plērumque poētās recitāmus, praesertim Horātium et Vergilium. At scrīptōrēs rērum nōn omīttimus. Ōlim magister praeclāram nōbīs recitāvit historiam, quam ego iterum recitābō.

### Dē mīlite fortissimō sed īgnōtō.

Imperātor Poenus in terrā Siciliā bellō Carthāginiēnsī prīmō contrā Rōmānōs pūgnāns locōs idōneōs prior occupat. Mīlitēs Rōmānī summā cum difficultāte ad locum pergunt perīculōsum et īnsidiīs obnoxium. Tribūnus quīdam ad cōnsulem venit ostenditque cito omnēs esse peritūrōs. 'Imperā,' inquit, 'sī rem servāre vīs, ut quadringentī aliquī mīlitēs ad montem illum eant atque occupent. Hostēs ubi vīderint, fortissimus quisque in illōs praevertētur, atque illī sine dubiō quadringentī occidentur. Sed occupātīs hostibus in eā caede, exercitum ex hōc locō ēdūcere poteris. Alia via salūtis nūlla est.' 'Sed istōs,' inquit, 'quadringentōs ad eum locum quisnam erit quī dūcat?' 'Sī alium,' inquit tribūnus, 'nēminem habēs, ego dūcam. Hanc meam tibi et reīpūblicae animam dō.' Cōnsul tribūnō grātiās agit; tribūnus et quadringentī proficīscuntur. Locō occupātō Rōmānī mīlitēs circumveniuntur, circumventī repūgnant. Intereā cōnsul Rōmānum exercitum in locōs tūtōs subdūcit. Dī immortālēs tribūnō mīlitum dīgnam dedērunt fortūnam. Nam multīs volneribus saucius inter mortuōs cōgnitus est. Convaluit, et saepe posteā reīpūblicae serviit. Multī aliī bene dē rēpūblicā meritī sīgnīs, statuīs, monumentīs ob virtūtem decorantur; illīus tribūnī haud minor est laus; nē nōmen quidem usque ad nōs permānsit.

### Cēna.

Herī pater meus amīcōs suōs ad cēnam vocāvit. Nōnā hōrā adveniunt convīvae, in quibus erant senātōrēs duo Rōmānī, et ipse cōnsul, vir summae dīgnitātis. Omnēs ā servīs dēdūcuntur in ātrium; illinc in triclīnium, ubi cēnātur. Ego tamen nōn comitor convīvās; quam vellem cēnae adfuissem! Sed puerīs in triclīniō nūllus est locus; virīs sōlum cēnae illae splendidae parārī solent. Prōmīsit tamen mihi pater mē mēnsīs secundīs adfore ut aliquid ex poētīs dēclāmārem. Multa enim et pulchra didicī carmina.

Prīmum mēnsīs impositus est gustus, quō magis edere cuperent convīvae. Deinde (rēcta enim erat cēna) multa alia īnferuntur fercula, ut piscēs, capōnēs, aper; neque aberant lactūca, brassica, pānis. Quibus omnibus cōnsūmptīs, continuō secundae mēnsae appōnuntur.

Nunc tandem mē petit servus et ut carmen dēclāmem

intrōdūcit. Statim sequor nōn sine spē praemiī; carmine enim recitātō quis praemium mihi neget? Ingressus triclīnium vīdī convīvās ōrdine positōs. Trēs erant lectī, quōs ita dispositōs vīdī:—Medium, summum ad dextram, īmum ad sinistram. In ūnō quōque lectō trēs convīvae accumbēbant, quōs ita ā dextrā numerō:—summī lectī summum medium īmum; mediī lectī summum medium īmum; īmī lectī summum medium īmum. Hīs vīsīs convīvās salūtō, salūtātīsque prope iānuam stō et patris iūssa exspectō. Ille cum rīsū exclāmat 'Ēn dēclāmātor noster! Recitā nōbīs aliquid, mī Lūcī; nam magister tuus dīcit tē optimē dēclāmāre posse'. Hōc dictō omnēs in mē oculōs convertunt, et ego carmen Catullī haud īgnōtum recitō. Scīs dē quō Catullus loquātur; dē Lesbiae passere.

> Lūgēte, ō Venerēs Cupīdinēsque;
> passer mortuus est meae puellae,
> passer, dēliciae meae puellae,
> quem plūs illa oculīs suīs amābat:
> nam mellītus erat suamque nōrat
> ipsam tam bene quam puella mātrem.
> nec sēsē ā gremiō illius movēbat,
> sed circumsiliēns modo hūc, modo illūc,
> ad sōlam dominam usque pīpilābat.
> quī nunc it per iter tenebricōsum
> illūc, unde negant redīre quemquam.
> at vōbīs male sit, malae tenebrae
> Orcī, quae omnia bella dēvorātis:
> tam bellum mihi passerem abstulistis.
> vae factum male! vae miselle passer,
> tuā nunc operā meae puellae
> flendō turgidulī rubent ocellī.

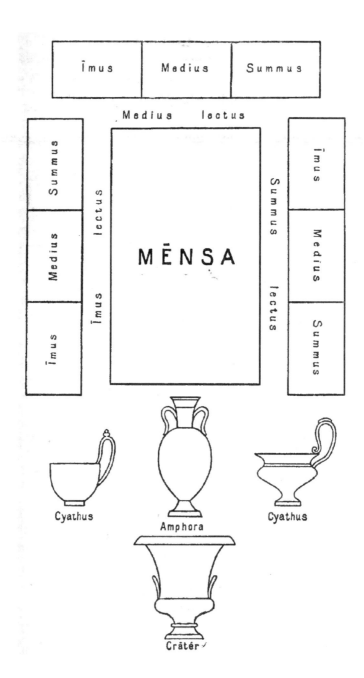

Ad haec omnēs, 'Optimē' clāmant, 'dēclāmās.' Et convīva quīdam 'Putō', inquit, 'istum puerum, Cornelī, poētam ipsum futūrum esse. At aliud dēclāmet, precor: dulcī enim vōce est praeditus.' Hīs laudibus arrēctus, illud quoque carmen dēclāmō.

> Issa est passere nēquior Catullī,
> Issa est pūrior ōsculō columbae,
> Issa est blandior omnibus puellīs,
> Issa est cārior Indicīs lapillīs,
> Issa est dēliciae catella Pūblī.
> hanc tū, sī queritur, loquī putābis:
> sentit trīstitiamque gaudiumque.
> collō nīxa cubat capitque somnōs,
> ut suspīria nūlla sentiantur.
> hanc nē lūx rapiat suprēma tōtam,
> pictā Pūblius exprimit tabellā,
> in quā tam similem vidēbis Issam,
> ut sit tam similis sibī nec ipsa.
> Issam dēnique pōne cum tabellā:
> aut utramque putābis esse vēram,
> aut utramque putābis esse pictam.

Iterum plaudunt omnēs, negant tamen sē scīre ā quō carmen scrīptum sit. Rogant num Mārtiālis sit carmen. Ego āiō; tum crustulīs aliīsque dēlectāmentīs onerātus exeō.

### Iter.

Brundisium relīquimus; nunc Rōmae habitāmus. Quantulā sententiā quantam rērum mūtātiōnem comprehendī! sed īdem ego sum quī anteā; īdem Rōmae sum quī Brundisiī eram. Quid enim dīcit Horātius?

Caelum nōn animum mūtant quī trāns mare currunt.

Scīlicet pater meus Rōmam ā Caesare arcessītus est;

intrā trīduum imperātum est ut proficīscerētur. Relinquendum erat Brundisium, domus relinquenda dē quā dīcēbam, iter longum faciendum.

Summā celeritāte impedīmenta collēgimus, collēctīsque discessimus, aliī rēdīs vectī, aliī equīs; impedīmenta autem servī mūlīs imposuērunt. Mūlī enim clītellās portant, in quibus repōnimus impedīmenta.

Longum est iter Brundisiō Rōmam; dīstant enim inter sē mīlia passuum trecenta quīnquāgintā septem. Hoc est iter diērum quīndecim sēdecimve. Cottīdiē autem sub noctem ad dēversōrium aliquod dēvertimus ut pernoctēmus.

Quot loca nova adiī, quot dēversōria! et in ūnō quōque dēversōriō est caupō, alius benīgnus, alius malīgnus. Advenientēs excipiunt, abeuntēs dīmīttunt, nōn sine rixā aliquandō. Prīmum iter est imbribus corruptum; unde factum est ut lutō morātī fessīque Rubōs post quadrīduum dēmum pervēnerimus. Postrīdiē Canusium vectī sumus, ubi pānis quam māximē est lapidōsus. Inter pānem illum et lapidem vix quicquam interest. Aliter autem rēs sē habet in eō oppidulō, ad quod sextō diē pervēnimus, cūius nōmen memoriā excidit; hīc enim pānis est pulcherrimus, sed aqua, rērum vīlissima, pretiō vēnit. Hīc quoque mūlī clītellīs līberantur, et ad dēversōrium dēvertimus, ut aliquantulum requiēscerēmus. Ego et frāter lūsum īmus, pater et māter dormītum. Semper equidem mīror, quam ob rem hominēs adultī tantō opere ament somnōs. Quantō enim melior est lūsus!

Posterō diē Trivīcum advēnimus, ubi nūllum erat dēversōrium, sed vīlla cūiusdam amīcī nōs excēpit. Deinde per montēs rēctā viā Beneventum vēnimus. Hic locus dīgnum sē nōmine suō propriō dēmōnstrāvit. Est enim nōmen ēius rē vērā fātāle et inauspicātum Maleventum, et nōs rē vērā malō sumus ventō oppositī. Nempe hospes noster in dēversōriō cēnam nōbīs sēdulō in culīnā parābat ; turdōs pinguissimōs in ignī versābat ; subitō malus ille ventus corripuit flammam, flamma per veterem culīnam dēlāpsa summum tēctum lambere properābat, et ipse hospes paene ārsit. Turbātur per domum, clāmātur, ululātur. Convīvae avidī rapere cēnam ex perīculō, servī aquam afferre ad flammās exstinguendās, nōs rīdēre omnia. Cēnam ēdimus sēmiūstam.

Post haec Capuam pervēnimus, ubi lūsum iimus ego et frāter ; pilā lūsimus tōtā hōrā. Pilā lūdimus hōc modō. Stant in tribus angulīs trēs lūsōrēs, quōrum ūnus quisque pilam tenet ; pilāsque quō quisque volt mīttunt. Ubi lāpsa ex manibus cadit pila, vitium est. Perītiōrēs lūdendī et dextrā et laevā excipere possunt, sed quis potest ūnā trēs excipere? Id quod et mihi accidit. Ūnam enim dextrā excēpī, alteram laevā, tertia medium nāsum contigit ; unde factum est ut et sanguis efflūxerit, et fīnis lūdī sit factus.

Ubi postrīdiē iter iterum incēpimus, pater meus, homo doctissimus, multa dē Hannibale nōbīs disseruit ; id quod et mihi et frātrī valdē displicuit ; num enim rēda lūdus litterārius? Num pater Orbilius ille, cūius ferulae manum subdūxit Horātius? Quippe nōs digitīs micāre cupiēbāmus, ille autem semper dē Hannibale. Quid ad nōs Hannibal? Quid sī ūnam hiemem Capuae trīvit, quid sī mīlitēs ēius mollēs factī sunt luxuriā? Quid sī vīcit eum Q. Fabius Māximus cūnctātor? In discendō nōs quoque cūnctātōrēs sumus. Sī ille cūnctandō restituit rem pūblicam, nōs cūnctandō vincimus ipsum cūnctātōrem.

Ubi fīnis docendī est factus, iam licuit digitīs micāre. Lūdimus hōc modō. Alter subitō manum ērigit, ērēctāque manū digitōs aliquot modo extendit modo comprimit ;

alterius est dīcere quot digitōs extenderit. Hōc diē nōs itineris pertaesum est propter Hannibalem.

Deinde viā Appiā per Sinuessam, ubi prīmum vīdimus mare Tyrrhēnum, tendimus Formiās, mox per ōram maritimam, dēnique tendimus Fundōs, ubi noctem perēgimus. Fundīs ā praefectō salūtātī sumus, homine (ut vidēbātur) īnsānō ; nam ita glōriōsus erat ut speciem praetōris prae sē ferret. Fundī enim praefectūra est, nōn mūnicipium ; ille autem nōmen praetōris sibi arrogāvit. Aderat igitur togā praetextā et lātō clāvō indūtus. Ō rem rīdiculam ! Ō hominem vānum !

Ubi Fundīs discessimus, rīdēbāmusque hominis glōriam ac vānitātem, māter nostra, 'Heus vōs,' inquit, 'voltisne fābulam vōbīs dē grāculō dīcam ?' Cuī ego, 'Dīc, precor,' inquam, 'dīc, dummodo nōn sit cōgnātus Hannibalis.' At māter, 'Favēte,' inquit, 'linguīs, et audiētis. Iūppiter rēgem avium creāre cum vellet, certō diē conventum avium indīxit, quō omnēs adessent, isque avem omnium fōrmōsissimam praeficeret rēgem. Tum grāculus, dēfōrmitātī suae diffīsus, nemora atque arva peragrāvit, plūmāsque quās pulcherrimās ubīque vidēbat collēctās sibi circumposuit. Ita pāvōnis aliārumque avium plūmīs fōrmōsissimus omnium est factus. Diēs indictus advenit, avēsque omnēs ad Iovem advolant. Neque aberat ipse grāculus, variō plūmārum colōre splendidissimus. Iam Iūppiter hunc rēgem erat factūrus, ut omnium dīgnissimum, sed cēterae īrātae propriam singulae plūmam eī abstulērunt ; isque ita nūdātus iterum grāculus, ut ante, factus est.'

Quā dictā fābulā, 'Cūr,' inquit frāter, 'fōrmōsissimum Iūppiter factūrus erat rēgem ? Nōnne dīgnior rēgnō erat fortissimus atque prūdentissimus ?' Tum ego, 'Sed quis,' inquam, 'creātus est rēx ?' Sed illa 'Nōlīte' inquit

15

'nimis multa rogāre. Fābula dēmōnstrat quam ineptum sit aliōrum virtūtēs sibi arrogāre, ut facit ille praefectus. Sed satis collocūtī sumus; ecce, Ānxur!' Tum vidēmus oppidum saxīs lātē candentibus impositum, unde per canālem lintre iter erat faciendum.

Oppidum erat nautīs et caupōnibus differtum. Quanta convīcia inter puerōs nautāsque! Aes exigitur, mūla adligātur: 'Hūc appelle lintrem! Propius, propius, nē in aquam dēcidāmus! Quid? Trecentōs īnseris? Lintrem dēmergēs, improbe! Ohē, iam satis est!' Sīc tōta hōra abit. Ubi tandem cōnscendimus, rēpitque mūla per rīpam, malī culicēs palustrēsque rānae somnōs adimunt, dum nauta, quī lintrem gubernat, et viātor, quī mūlam dūcit, cantant mūtua. Tandem mūliō, fessus āc vīnō madidus, dormīre volt; mūlam pāstum ēmīttit, retinācula saxō religat, supīnusque stertit.

Iam diēs aderat; expergīscimur, et sentīmus lintrem nōn prōcēdere. Statim pater meus, homo cerebrōsus, prōsilit, āc nautae caput lumbōsque fuste dolat; et vix dēmum quartā hōrā ad Forum Appiī expōnimur.

Hinc profectī Rōmam pervenīmus, diē sextō decimō postquam Brundisiō exiimus.

Diē igitur sextō decimō iter dēmum cōnfēcimus, namque, ut dīxī anteā, per trīduum prīmum imbribus erāmus oppressī. Sed Rōmam tandem laetī pervēnimus. Per portam Capēnam urbem intrāmus. Quantam multitūdinem hominum! Quot mīlitēs! Quantum clāmōrem! Crēdideram equidem similem fore Rōmam nostrō Brundisiō. Sed inter aliās urbēs tantum effert caput quantum quercus inter dūmēta.

Ad portam Capēnam omnibus est dēscendendum ab equīs carrīsque; per viās enim urbis equīs rēdīsque vehī noctū quidem licet, diē nōn licet. Nōbīs tamen licuit,

quia pater meus magistrātus est summae dīgnitātis. Vehimur igitur praeter Circum Māximum ad pontem
Tiberīnum, deinde relictō ponte per arborēs Iāniculum ascendimus, ubi amīcus patris meī domum māgnificam habet. Intrāmus, salūtāmus et salūtāmur, ad
cēnam vocāmur; cēnātī in hortōs exīmus ut ā summō
monte urbem spectēmus. Admīrantibus nōbīs hospes
noster versūs dēclāmat, quōs poēta clārissimus dē vīllā
suā composuit. Audīte.

> Iūlī iūgera pauca Mārtiālis,
> hortīs Hesperidum beātiōra,
> longō Iāniculī iugō recumbunt.
> hinc septem dominōs vidēre montēs
> et tōtam licet aestimāre Rōmam,
> Albānōs quoque Tusculōsque collēs,
> Fīdēnās veterēs brevēsque Rubrās.
> illinc Flāminiae Salāriaeque
> gestātor patet essedō tacente,
> nē blandō rota sit molesta somnō,
> quem nec rumpere nauticus tumultus,
> nec clāmor valet helciāriōrum,
> cum sit tam prope Mulvius, sacrumque
> lāpsae per Tiberim volent carīnae.
> hoc rūs, seu potius domus vocanda est,
> commendat dominus; tuam putābis,
> tam nōn invida tamque līberālis
> tam cōmī patet hospitālitāte.

Nōnne sunt summā arte compositī, summō ingeniō ? Postquam hospes dēclāmāvit, omnēs plausimus; deinde redīmus dormītum, quia tam longō itinere fatīgātī cupimus
ōtiō nostrō fruī, ut crās urbem propius spectēmus.

## Rōma.

Longum ĕst omnia, quae Rōmae sunt, dēscrĭbere. In septem montibus aedificāta est urbs Rōma; monte Palātīnō, monte Aventīnō, monte Capitōlīnō, colle Quirīnālī, colle Vīminālī, monte Esquilīnō, monte Caeliō. Quōrum cūr duo sint collēs nōminātī, quīnque montēs, nesciō equidem. Trāns Tiberim sunt etiam Iāniculum et mōns Vāticānus. Inter Palātīnum, Capitōlīnum, Esquilīnum, situm est Forum. In monte Palātīnō erat prīma urbs, quam nōminant Rōmam quadrātam, cūius mūrus adhūc manet.

Herī in Forum dēscendimus. Hīc ad īmum Palātīnum vīdimus Ātrium Vestae. In Forō sunt ā sinistrā tabernae veterēs, ā dextrā tabernae novae; in mediō lacus Curtius, in quem iuvenis ille nōbilis dēsiluit, ut patriam moriendō servāret. Adversa autem cōnspicimus rostra, quae pulpita sunt ex quibus ōrātōrēs ōratiōnēs habent ad populum. Circum Forum alia sunt aedificia: Cūria, in quā dēlīberat senātus; Rēgia, in quā habitat Pontifex Māximus; trēs Basilicae, Porcia, Aemilia, Iūlia. In Basilicīs iūdicia conveniunt, negōtiātōrēs rem agunt.

Hinc per Viam Sacram ascenditur in Capitōlium. Hāc viā triumphantēs vehúntur ducēs, ut grātiās agant Iovī Capitōlīnō. Habet Capitōlium duo capita; in alterō templum est Iovis, in alterō Arx.

Inter Vīminālem et Esquilīnum est Subūra. Hīc habitant plēbēiī; virī autem lautissimī in Palātīnō. Sunt alia quoque fora; forum Iūlī, quod fēcit C. Iūlius Caesar, et forum Augustī, quae duo cum forō Rōmānō tria sunt fora māxima; sed est et forum holitōrium, ubi holera vendunt, et forum boārium, in quō bovis est statua māgna.

18

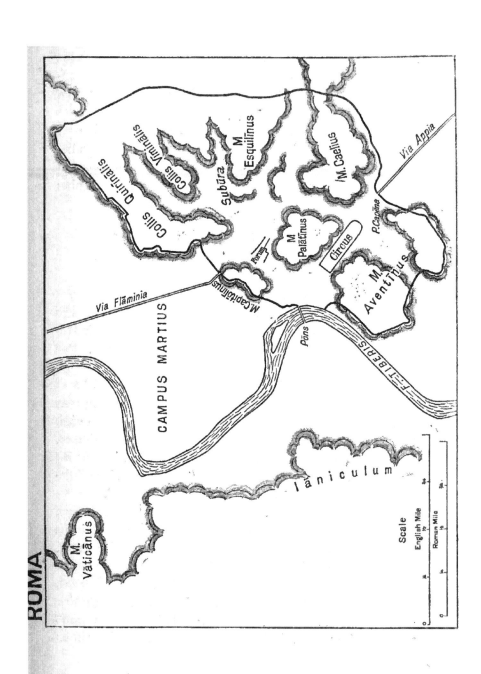

Ut tria sunt fora, sīc tria theātra in quibus lūdōs scaenicōs spectāmus. In Circō Māximō cursūs sunt equōrum, in Amphitheātrō gladiātōrēs inter se pūgnant. In thermīs balneīsque lavāmur.

Sed dē hīs longum est nārrāre; haec hāctenus. Vereor enim nē tē tantum Rōmae taedeat quantum mē Hannibalis.

Dum per urbem ambulō, vīdī in Vīcō Tuscō domum spatiōsam atque māgnificam, cūius ad frontem erat titulus hūiusmodī :

DOMVS HAEC

## LOCĀTVR

EX KALENDĪS IVLIĪS

CONDVCTOR CONVENĪTŌ BALBVM

M. FRONTŌNIS SERVVM.

Dum haec perlegō rīsit aliquis ex comitibus. Cuī ego 'Quid rīdēs?' inquam. At ille 'Num īgnōrās' inquit 'īnfāmem esse hanc domum ? Mānēs enim hīc habitant. Per silentium noctis sonus ferrī audītur et strepitus vinculōrum. Mox appāret simulācrum, senex prōmissā barbā et horrentī capillō et crūribus et manibus catēnās ferreās gerit quatitque. Incolae terrōre perculsī tōtā nocte vigilant; unde morbus īnsequitur, crēscente autem timōre, mors etiam. Inde dēserta stat domus, ut vidēs, tōtaque illī mōnstrō relicta. Prōscrīpsit tamen M. Frontō, vir callidissimus, sī quis tantī malī īgnārus condūcere velit'.

Post aliquot diēs dum per vīcum eundem ambulāmus, titulum dēreptum vīdimus, iānuam apertam ; audīvimus philosophum aliquem condūxisse. 'Ō stultum' inquam, 'mox eum temeritātis paenitēbit.' 'Immō vērō' inquit comes 'dē omnibus certior est factus. Nam cum audīvisset, quantula esset pēnsiō, vīlitātem suspicātus, tantō acūmine singula quaerit ut dēcipī nōn possit; sed nihilōminus, immō tantō magis condūcit.' At ego, 'Vereor tamen nē hominem

1. Brundisium.  2. Rubī.  3. Canusium.  4. Trivīcum.  5. Beneventum.
6. Capua.  7. Sinuessa.  8. Formiae.  9. Fundī.  10. Ānxur.  11. Forum
Appiī.  12. Rōma.

paeniteat aliquandō.' Abīmus, et quid ēventūrum sit exspectāmus.

Postrīdiē nōu cēssāmus adīre domum ; turba adest māxima, fūnus dūcitur, nēniās canunt, exsequiās eunt omnēs. 'Nōnne dīxī' inquam 'fore ut paenitēret philosophum illum temeritātis ? Herī domum condūxit, hodiē sepelītur'. Statim ex turbā 'Favē linguā' exclāmat aliquis 'vīvit enim adhūc philosophus, et ipse hominem sepelit'. Tunc ego admīrātus 'Quid ergō' inquam 'factum est, bone vir ?' Ille in hunc modum respondet: 'Ubi advesperāscere coepit iubet sternī sibi in prīmā domūs parte, poscit cērās, stilum, lūmen ; suōs omnēs in interiōra dīmīttit ; ipse ad scrībendum oculōs, manum, animum intendit, ne vacua mēns simulācra et inānēs metūs fingeret. Initiō nihil nisi silentium noctis ; dein concutī ferrum, vincula movērī. Ille nōn tollere oculōs, nōn remīttere stilum, sed fīrmāre animum. Tum crēbrēscere fragor, adventāre, āc iam est in līmine, iam ut intrā līmen audīrī. Respicit ; videt āgnōscitque nārrātam sibi effigiem. Illa stābat innuēbatque digitō, similis vocantī ; hīc rūrsus cērīs et stilō incumbit. Illa scrībentis capitī catēnās īnsonābat ; hic rūrsus respicit, videt idem quod anteā innuentem, nec morātus tollit lūmen et sequitur. Ībat illa lentō gradū, quasi gravis vinculīs ; postquam dēflexit in āream domūs, repente dīlāpsa est in aurās. Hic autem locum effodit ; inveniuntur ossa catēnīs īnserta atque implicita, quae collēcta iam sepeliuntur.' Quibus audītīs, exclāmō 'Et sunt tamen quī negent esse mānēs. Adeant igitur, et discant ab expertīs'.

### Nocturna Lemūria.

Domum reversus patrem rogāvī num et apud nōs essent mānēs. 'Nōn putō esse' respondit, 'namque domō nostrā quotannīs omnēs ēiciō.' 'Manēs ēicis, ō pater!'

22

exclāmāvī. 'Immō hodiē' inquit 'ēiciam; ēiciendī enim sunt a. d. VII Īdūs Māiās—Māius scīlicet mēnsis ā nō-mine māiōrum dūcitur—et dum tū in lectulō dormīs ego mediā nocte sacra quaedam, quae Nocturna Lemūria appellantur, celebrābō, nē ūllae lārvae apud nōs habitent.' Quae cum audīvissem mātrem ōrāvī ut ad mediam noctem mihi pervigilāre licēret, ut patrem vidērem haec sacra agentem; māterque benīgna veniam mihi dedit. Nunc igitur quod vīdī vōbīs nārrābō. Nam pater, veteris memor rītūs, mediā nocte surgit, nūdīsque pedibus per domum ambulat. Extentā dextrā sīgnum sacrum dedit, nē lārvae occurreret; sīgnum fēcit hōc modō—salūtārī digitō minimōque extentīs, medium et minimō proximum pollice iūnctōs in palmam dēpressit. Deinde manūs lāvit pūrās atque septem fabās nigrās ōrī imposuit, aliāsque fabās, voltū āversō, suprā umerum iēcit; sed dum iacit

'Hīs' inquit, 'redimō mēque meōsque fabīs'.

Noviēns hunc dīxit versum, neque respēxit; fabās umbra putātur colligere, et, nūllō vidente, hominem ā tergō sequī. Ubi rūrsus aquā pater sē lūstrāvit et aere tinnītum fēcit, ōrāvit ut umbrae ē tēctīs suīs exīrent. Noviēns clāmāvit 'Mānēs exīte paternī'; tum dēmum respēxit et sacra rīte sunt perācta.

### Dē mānibus.

Etenim poētae docent esse mānēs, nam meminī mē hoc carmen apud Propertium lēgisse:—

Sunt aliquid mānēs, lētum nōn omnia fīnit,
    lūridaque ēvictōs effugit umbra rogōs.
Cynthia namque meō vīsa est incumbere fulcrō,
    murmur ad extrēmae nūper humāta viae:
cum mihi somnus ab exsequiīs pendēret amōris,
    et quererer lectī frīgida rēgna meī.

eōsdem habuit sēcum, quibus est ēlāta capillīs,
    eōsdem oculōs, laterī vestis adūsta fuit.
et solitum digitō bēryllon adēderat īgnis,
    summaque Lēthaeus trīverat ōra liquor :
spīrantīsque animōs, et vōcem mīsit, at illī
    pollicibus fragilēs increpuēre manūs.

Condiscipulī tamen meī nōnnumquam mē irrīdent quod cōnfitear mē crēdere esse mānēs ; eīs autem versūs Horātī commemorō.

    Somnia, terrōrēs magicōs, mīrācula, sāgās,
    nocturnōs lemurēs portentaque Thessala rīdēs?

Immō vērō patrem iterum rogāvī quid ipse dē mānibus rē vērā cēnsēret. 'Haud sciō' respondit 'an mānēs rē vērā sint. Erat enim mihi quondam amīcus pauper, ē puerō claudus, quī rūrī habitābat. Ōlim advena quīdam forēs vesperī pulsāvit ; pauper ille iūssit alterum intrāre, quī intrāvit vīnumque poposcit ; ille ōrāvit hunc ut ipse cyathum quaereret, sē enim quippe quī claudus esset cyathum quaerere nōn posse. Advena igitur rogāvit quamdiū claudus esset, pauperque respondit sē ē puerō fuisse. Cui advena "Possum" inquit "tē sānāre. Sī laurī frondēs vīnō hōc tuō imbūtās per complūrēs diēs ēderis in prīstinam corporis valētūdinem redigēris ; sed deōs praecipuē cūrā rīte colās". Quae praecepta amīcus meus religiōsē secūtus mentem sānam, ut dīcitur, in corpore sānō adeptus est. Hic advena palliō erat amictus purpureō, quāle nēmo anteā illā in regiōne umquam vīderat; neque quisquam ē praetereuntibus virum tālī habitū amictum ūsquam post merīdiem vīdit. Mihi saltem nōn dubium est quīn imāgō fuerit.'

## Dē somniīs.

Cum pater mihi hanc fābulam dīxisset valdē gaudēbam quod ille quoque putābat esse mānēs. Sed quia cōgnōscere volēbam quid dē somniīs cēnsēret, rogāvī eum num somnia quoque essent vēra; quī mihi respondit vēra alia, alia falsa esse: 'Nōnne meministī, mī fīlī,' inquit 'quid Vergilius scrīpserit?

> Sunt geminae somnī portae, quārum altera fertur
> cornea, quā vērīs facilis datur exitus umbrīs,
> altera candentī perfecta nitēns elephantō,
> sed falsa ad caelum mīttunt īnsomnia mānēs.'

Cēterum ut bene intellegās nōnnūlla somnia vērum praedīcere fābulam tibi nārrābō, sī modo attentō eris animō.

### Somnium vērum.

'Cum duo quīdam Arcades familiārēs iter ūnā facerent, et Megaram vēnissent, alter ad caupōnem, ad hospitem alter dēvertit. Uterque cēnātus cubitum iit; deinde eī quī erat in hospitiō alter vīsus est in somnīs ōrāre ut subvenīret, quod sibi ā caupōne nex intenderētur.

Is prīmō perterritus somniō surrēxit; deinde cum sē collēgisset, idque vīsum prō nihilō habendum esse dūxisset, recubuit; tum dormientī īdem ille vīsus est ōrāre nē, cum sibi vīvō nōn subvēnisset, mortem suam inultam esse paterētur; sē interfectum in plaustrum ā caupōne esse cōniectum, et suprā iniectum stercus. Petiit ut māne ad portam adesset, priusquam plaustrum ex oppidō exīret. Hōc iam somniō commōtus māne bubulcō obvius fit ad portam; quaerit ex eō quid in plaustrō esset. Ille perterritus fūgit; mortuus ērutus est; caupō rē patefactā poenās dedit.'

Quā audītā fābulā frāter meus dīxit sē prōverbium—
'Nōn omnēs stertentēs dormiunt' audiisse, nescīre tamen
quid sīgnificāret; cuī pater 'Hoc quoque', inquit, 'alterum nārrandō somnium expōnere tibi possum,' statimque
hoc nārrat somnium.

### Trium somniantium fābula facēta.

Ōlim trēs comitēs, quōrum duo mercātōrēs urbānī,
tertius rūsticus quīdam erat, ad templum quoddam nūminis
colendī causā profectī sunt; quibus prōgredientibus
viātica dēficere incipiēbant. Mox ad tantam inopiam
redāctī sunt ut vix quicquam farris manēret. Quae cum
urbānī illī callidī intellegerent hōc modō inter sē colloquēbantur. 'Parum pānis iam nōbīs restat; comes
tamen noster edendō nimis indulget, quāpropter necesse
est cōnsilium inīre quō sī quid habēmus eō īnsciō edāmus.'
Cum igitur pānem aquā sparsum manibusque tractātum,
prope īgnem, ut coquerētur, posuissent, rūsticum illum
dēcipere cōnstituērunt atque hōc modō eum allocūtī sunt:
'Omnēs statim dormiāmus, sitque pānis eī praemium quī
ex nōbīs somnium vīderit mīrābilissimum.' Quō pāctō
omnēs cubitum eunt. Rūsticus autem, fraudis aliquid
suspicātus, pānem sēmicoctum ex īgnī extractum sōlus
tōtum dēvorāvit, iterumque sē somnō dedit. Nōn ita
multō post alter negōtiātor, tamquam mīrābilī quōdam
somniō perterritus, surgere incēpit, alterīque negōtiātōrī
quam ob rem ita timēret rogantī, respondit: 'Māgnō
terrōre māximāque ob somnium admīrātiōne affectus
sum. Duo enim geniī mihi vidēbantur appropinquāre,
summāque cum laetitiā mē ad Ēlysium comportāre.' Cuī
comes 'Mīrābile nīmīrum' inquit, 'somnium nārrās;

26

mīrābilius tamen audī; namque ego duōs percipiēbam geniōs quī mē ad Tartarum portābant.'

Quae cum rūsticus ille audīret etiam tum dormīre simulābat; urbānī tamen ut dolus sibi bene prōcēderet eum excitāvērunt, quī, admīrantī similis, callidē rogāvit 'Quis mē vocat?' Cui respondērunt urbānī 'Comitēs sumus tuī'. Quae cum audīvisset ille 'Quō modō' rogāvit 'iam redīvistis?' 'Numquam,' respondērunt, 'hinc abīvimus; cūr reducēs vocās quī numquam abīvimus?' Quibus rūsticus ille 'Geniī duo', respondit, 'mihi vidēbantur alterum vestrum ad Ēlysium, ad Tartarum alterum auferre, et mēcum reputābam neutrum hūc reditūrum esse unde, ut poēta dīcit, negant redīre quemquam; itaque ego experrēctus pānem tōtum sōlus dēvorāvī.'

Quae cum audīvisset frāter meus dīxit sē iam intellegere quid sīgnificāret prōverbium : 'Nōn omnēs stertentēs dormiunt.'

### Causae somniōrum.

Posterō diē, ut accidit, hanc sententiam apud Tullium in lūdō recitābāmus. 'Quae in vītā ūsūrpant hominēs, cōgitant, cūrant, vident, quaeque agunt vigilantēs agitantque, ea cuīque in somnō accidunt.'—Quae cum audīrem nōn poteram mē retinēre quīn puerum recitantem interpellārem magistrumque rogārem nūm rē vērā putāret hās esse somniōrum causās. Iste autem magister, interrogātiōne meā neglēctā, dīxit oportēre omnēs, dum alius recitat, tacēre, iūssitque mē hoc carmen ēdiscere memoriter :—

Omnia quae sēnsū volvuntur vōta diurnō,
   pectore sōpītō reddit amīca quies.

27

venātor dēfessa torō cum membra repōnit,
  mēns tamen ad silvās et sua lustra redit.
iūdicibus lītēs, aurīgae somnia currūs,
  vānaque nocturnīs mēta cavētur equīs.
mē quoque Mūsārum studium sub nocte silentī
  artibus assuētīs sollicitāre solet.

Carmen nunc memoriā teneō. Sed utrum magister poētae cōnsentiat necne nūllō modō invenīre possum. Semper enim rogātus verba poētārum aliōrumve scrīptōrum commemorat.

Equidem vērō putābam eum nescīre. Posterō igitur diē, hōc carmine recitātō, iterum eum rogāvī quid rē vērā ipse dē somniīs cēnsēret. Sed utinam nōn rogāvissem! Mē miserum! Iterum nihil respondit sed hoc alterum carmen mihi ēdiscendum dedit.

  Et quō quisque ferē studiō dēvīnctus adhaeret
  aut quibus in rēbus multum sumus ante morātī
  atque in eā ratiōne fuit contenta magis mēns,
  in somnīs eadem plērumque vidēmur obīre ;
  causidicī causās agere et compōnere lēgēs,
  induperātōrēs pūgnāre āc proelia obīre,
  nautae contractum cum ventīs dēgere bellum.

Ō! crūdēlem magistrum! quam nimia est tibi poētārum admīrātiō !

### Magister laqueō suō captus.

Interdum tamen et discipulīs nōbīs magistrī haec tanta poētārum admīrātiō prōdest. Quid enim vōbīs accidat nesciō, sed nōs saltem Rōmānōs puerōs saepenumerō discere taedet priusquam fīnis sessiōnī adsit. Ō quotiēns lūdum frequentāmus! Prīmā lūce ē lectulīs est surgen-

28

dum et quasi mediā nocte ad lūdum eundum. Ut lucernae, quās nōbīscum portāmus, olent! Quam dēcolōrēs fīunt librī fūmō tot lucernārum! Nigra fūlīgo adhūc Marōnī meō haeret! Ōlim plūs solitō discendī mē taedēbat—media erat aestās et Sīrius īgnibus torrentibus in caelō ardēbat— hoc igitur cōnsilium iniī ut postrēmam sessiōnis partem omītterēmus. Magistrum māne lūdum intrantem rogāvī num semper oportēret nōs praeceptīs pārēre poētārum. Ille ait; itaque ego hoc Mārtiālis carmen statim dēclāmāre incēpī:—

> Lūdī magister, parce simplicī turbae ;
> sīc tē frequentēs audiant capillātī,
> et dēlicātae dīligat chorus mēnsae,
> nec calculātor, nec notārius vēlox
> māiōre quisquam circulō corōnētur ;
> albae Leōne flammeō calent lūcēs,
> tostamque fervēns Iūlius coquit messem :
> cirrāta lōrīs horridīs Scythae pellis,
> quā vāpulāvit Marsyas Celaenaeus,
> ferulaeque trīstēs, scēptra paedagōgōrum,
> cēssent, et Īdūs dormiant in Octōbrēs :
> aestāte puerī sī valent, satis discunt.

Quibus scīlicet dēclāmātīs versibus, 'Quam cito' inquit magister, 'tempus fugit! Rēctē scrīpsit Ovidius Nāso :—

> Ipsa quoque assiduō lābuntur tempora mōtū,
> nōn secus āc flūmen ; neque enim cōnsistere flūmen
> nec levis hōra potest ; sed ut unda impellitur undā,
> urgēturque eadem veniēns urgetque priōrem,
> tempora sīc fugiunt pariter, pariterque sequuntur,
> et nova sunt semper, nam quod fuit ante relictum est,
> fitque quod haud fuerat, mōmentaque cūncta novantur.'

Hōs versūs recitāvit magister quia ōtium nōbīs dare nōlēbat, sed nōn facere potuit (nē ā Mārtiāle praeclārissimō poētā abhorrēret) quīn lūsum nōs omnēs dīmītteret. Condiscipulī meī grātiās mihī ēgērunt quam māximās et valdē mihi grātulātī sunt quod tam callidum mē praestitissem. Immō vērō dīxērunt mē cornīcum oculōs cōnfīxisse.

### Colloquium cum patre.

Eōdem diē, quoniam magister nīl mihi dē somniīs exposuerat, patrem vesperī iterum quaesīvī, quem in tablīnō invēnī. Rēbus nescioquibus occupātum esse vīdī, rogāvī tamen num mihi vacāret, et pater quamquam negōtiōsus erat, benīgnē mihi respondit 'Quid vīs, mī fīlī?'—quantō benīgnior pater est magistrō!—Cuī ego 'Velim' respondī, 'iterum tē audīre dē somniīs loquentem'. 'Nunc autem nōn possum' inquit pater 'namque epistulam ad amīcum quendam scrībō; sed, ut accidit, dē somniīs est epistula mea; tacē igitur et, cum scrīpserō, tibi recitābō'. Conticuī igitur, et librum quendam ē forulīs acceptum, dum pater scrībit, legēbam. Paulō posteā hanc epistulam mihi recitāvit:—

Sex. Cornēlius Polliō Suētōniō Tranquillō Suō S.

'Scrībis tē perterritum somniō verērī nē quid in āctiōne patiāris, rogās ut dīlātiōnem petam et pauculōs diēs, certē proximum, excūsem. Difficile est, sed experiar. Rēfert tamen, ēventūra soleās an contrāria somniāre. Mihi reputantī somnium meum istud, quod timēs tū, ēgregiam āctiōnem portendere vidētur. Suscēperam causam Iūnī Pastōris, cum mihi quiēscentī vīsa est socrus mea advolūta genibus nē agerem obsecrāre. Et eram āctūrus adulēscentulus adhūc, eram in quadruplicī iūdiciō, eram contrā potentissimōs cīvitātis atque etiam Caesaris amīcōs, quae singula excutere mentem mihi post tam triste somnium poterant. Prōsperē tamen cessit, atque ideō illa āctiō mihi aurēs hominum, illa iānuam fāmae patefēcit. Proinde dīspice, an tū quoque sub hōc exemplō somnium istud in bonum vertās, aut, sī tūtius putās illud cautissimī cūiusque praeceptum : 'Quod dubitēs, nē fēceris,' id ipsum rescrībe. Ego aliquam stropham inveniam agamque causam tuam, ut istam agere tū, cum volēs, possīs. Est enim sānē alia ratiō tua, alia mea fuit. Nam iūdicium centumvirāle differrī nūllō modō, istud aegrē quidem, sed tamen potest. Valē.'

Recitātā hāc epistulā 'Perquam, pater' inquam, 'velim scīre, esse phantasmata et habēre propriam figūram nūmenque aliquod putēs an inānia et vāna ex metū nostrō imāginem accipere.' 'Ego ut esse crēdam' respondit 'in prīmīs eō addūcor, quod audiō accidisse Curtiō Rūfō. Tenuis adhūc et obscūrus obtinentī Āfricam comes haeserat. Inclīnātō diē spatiātur in porticū ; offertur eī mulieris figūra grandior hūmānā pulchriorque ; perterritō Āfricam sē futūrōrum praenūntiam dīxit; itūrum enim eum Rōmam honōrēsque gestūrum atque etiam cum summō imperiō in eandem prōvinciam reversūrum et moritūrum. Quae facta sunt omnia. Praetereā accēdentī Carthāginem ēgredientīque nāve eadem figūra in lītore occurrisse nārrātur. Ipse certē implicitus morbō futūra praeteritīs, adversa secundīs augurātus, spem salūtis, nūllō suōrum dēspērante, prōiēcit.'

### Māter mente turbāta irruit.

Patrem haec mihi nārrantem māter, quae māgnō cum impetū in tablīnum irruit, interpellāvit, atque 'Cornēlī', inquit, 'audīvistīne quid Dāvō frātrīque ēius acciderit?

31

(Dāvus est ūnus ē servīs nostrīs quī eōdem in lectō cum frātre suō dormīre solet). Mīrābilem nārrat rem, neque facere possum quīn eī crēdam. Sed omnia ab initiō tibi nārrābō. Hāc nocte cūm frātre minōre, ut solet, eōdem in lectō quiēscēbat. Is vīsus est sibi cernere quendam in torō resīdentem admōtīsque capitī suō cultrīs ex ipsō vertice capillōs amputantem. Somnium modo sē vidēre ratus iterum dormit. Sed brevī rūrsus simile alterum somnium priōrī fidem fēcit. Nam vēnērunt per fenestrās (ut nārrat) in tunicīs. albīs duo, cubantemque frātrem dētondērunt et, quā vēnerant, recessērunt. Ubi inlūxit, ipse Dāvus circā verticem tōnsus, capillī iacentēs sunt repertī. Frātrem quoque tōnsum sparsōsque circā capillōs diēs ostendit.' Haec cum audīvissem vix facere potuī quīn rīdērem, sed nē poenās darem simulāvī mē summō terrōre afficī propter tam mīrābile somnium, māterque mē cubitum mīsit. Nēminī dīxī mē frātremque meum servōrum cubiculum per fenestrās intrāvisse atque iocī causā capillōs dētondisse.

### Laqueō meō captus.

Sed dum in lectulō iaceō hunc in modum mēcum reputābam : 'Quicquid nocte accidit, omnēs putant aut somnium fuisse aut mānēs fēcisse,' dolumque hunc excōgitābam. Cōnstituī persuādēre Mārcō, condiscipulō et aequālī meō, quī negat esse mānēs, ut in sepulcrō quōdam ūnam noctem dormīret. Posterō diē cōnsilium meum cum frātre commūnicāvī, et Marcus prōmīsit sē in sepulcrō dormītūrum esse ut nōbīs dēmōnstrāret mānēs nōn esse. Nocte igitur ad sepulcrum Mārcus sē recēpit, ego et frāter haec parāvimus ;—nigrīs amictī vestibus persōnās īnstar calvāriārum fīctās capitī imposuimus ; quō habitū statim ad sepulcrum contendimus, circum quod saltāre incēpimus. Sed tantum aberat ut Mārcus timēret ut, capite modo ē sepulcrō ēlātō, imperāret nōbīs ut abīrēmus, neu ineptiās agerēmus. Spē dēiectī domum abīvimus, laqueō, ut prōverbium, nostrō captī.

Posterō diē nōnnūllī convīvae apud nōs cēnābant atque inter cēnam pater nārrābat quid Dāvō, servō nostrō, accidisset. Deinde omnēs mīrābilia commemorāre incipiunt. Ūnus ē convīvīs mortuōs futūra portendere posse dīxit. 'Nōnnumquam tamen' inquit, 'falsa portendunt, ut fābula dē Gabiēnō mōnstrat.' Flāgitantibus omnibus ut fābulam dīceret, haec nārrāvit.

### Fābula dē Gabiēnō.

'Bellō Siculō Gabiēnus, Caesaris classiārius fortissimus, captus ā Sex. Pompēiō, iūssū ēius incīsā cervīce et vix cohaerente, iacuit in lītore tōtum diem. Deinde cum advesperāvisset, cum gemitū precibusque ē congregātā multitūdine petiit ut Pompēius ad sē venīret, aut aliquem ex amīcīs mītteret; sē enim ab īnferīs remīssum, habēre quae nūntiāret. Mīsit plūrēs Pompēius ex amīcīs, quibus Gabiēnus dīxit: Īnferīs deīs placēre Pompēī causās et partēs piās. Proinde ēventum futūrum quem optāret, hoc sē nūntiāre iūssum. Argūmentum fore vēritātis quod, perāctīs mandātīs, prōtinus exspīrātūrus esset. Idque ita ēvēnit.'

### Alia fābula inter cēnam nārrāta.

'Sunt quī dīcant,' inquit alius, 'animam relictō corpore errāre solitam, multaque nūntiāre, quae nisi ā praesentī nōscī nōn possint. Ē duōbus enim frātribus, equestris ōrdinis, Corfidiō māiōrī accidit ut vidērētur exspīrāsse; apertōque tēstāmentō minor hērēs ex asse creātus fūnerī īnstitit; interim is, quī vidēbātur exstīnctus, plangentium sonitū concitus, dīxit ā frātre sē vēnisse. Dēmōnstrāvit praetereā quō in locō aurum, nūllō cōnsciō, dēfōdisset et ōrāvit ut eīs fūnebribus quae comparāta essent efferrētur. Quae cum dīxisset, frātris domesticī nūntiāvērunt exanimātum illum, et aurum ubi dīxerat repertum est.'

Convīvā hanc fābulam nārrante, pater cum omnēs animadvertisset fīnem fēcisse edendī; servōs iūssit talōs et corōnās afferre. Quibus allātīs, omnēs convīvae rosārum corōnās, quisque suam, capitibus impōnēbant; deinde talōs ē fritillō iaciendō rēgnum vīnī, ut dīcitur, sortīrī incipiēbant. Pater prīmus, quassātō fritillō, 'Venus' inquit, 'exsiliat,' sed iacientī eī 'canis' modo contigit; at ille 'Quam rēctē' exclāmat 'Propertius scrīpsit:—

Mē quoque per talōs Venerem quaerente secundōs
semper damnōsī subsiluēre canēs'!

talōsque cum fritillō avō meō, quī proximus accumbēbat, dedit, cuī Venus statim exsiluit. Hic igitur, arbiter bibendī creātus, servīs imperāvit ut diōtam Massicī dēprōmerent. Itaque servī amphoram adportāvērunt tantā fūlīgine tēctam ut titulus nōn āgnōscī posset; corticem amphorae pice adstrictum dīmōvērunt, quadrīmumque merum in crātēram effūdērunt, avumque meum, ut bibendī arbitrum, rogāvērunt quantum aquae adhibendum esset. Iūssū ēius merum cum aquā hāc ratiōne mīscuērunt:—novem merī cyathōs (cyathus mēnsūra, duodecima sextāriī pars) cum tribus aquae mīscēbant—interdum inversā ratiōne trēs merī cyathōs cum novem aquae mīscēmus—deinde vīnum ē crātērā in cūiusque convīvae pōculum cyathīs īnfundunt.

34

### Patruus meus aliquid nārrat.

Quibus parātīs, Sīlius, patruus meus, 'Nōn Lupercī rītū, ut vidētur,' inquit, 'nōbīs est bibendum. Namque accidit ut homo minimē familiāris cēnārem apud istum, ut sibi vidēbātur, lautum et dīligentem, ut mihi, sordidum simul et sumptuōsum. Nam sibi et paucīs opīma quaedam, cēterīs vīlia et minūta pōnēbat. Vīnum etiam parvulīs lagunculīs in tria genera dīscrīpserat, nōn ut potestās ēligendī, sed nē iūs esset recūsandī; aliud suīs et nōbīs, aliud minōribus amīcīs (nam gradātim amīcos habet), aliud suīs nostrīsque lībertīs. Animadvertit, quī ā mē proximus recumbēbat, et num probārem interrogāvit. Negāvī. 'Tū ergō' inquit, 'quam cōnsuētūdinem sequeris?' 'Eadem omnibus pōnō; ad cēnam enim, nōn ad notam invītō, cūnctīsque rēbus exaequō quōs mēnsā et torō aequāvī.' 'Etiamne lībertōs?' 'Etiam; convīctōrēs enim tunc, nōn lībertōs putō.' Et ille: 'Māgnō tibi cōnstat.' 'Minimē.' 'Quī fierī potest?' 'Quia scīlicet lībertī meī nōn idem quod ego bibunt, sed idem ego quod lībertī.'

Hōc tam facētē dictō omnēs plaudunt; iamque omnium sermōne laetitiāque convīvium celebrābātur. Deinde, alterā dēpromptā amphorā, pater meus nesciō quem ōrāvit ut fābulam de Thrasyllō nārrāret, quī, pōculō haustō, hunc in modum exorsus est.

### Fābula dē Thrasyllō.

Thrasyllus valdē amābat Charitēn, eamque in mātrimōnium dūcere cupiēbat. Hoc autem nūllō modō facere poterat, nam Charitē Tlēpolemō cuīdam iam nūpserat, marītumque suum māximē dīligēbat. Thrasyllus igitur

Tlēpolemum, nūllō cōnsciō, interficere cōnstituit. Hic quondam, comitante Thrasyllō, capreās vēnātum profectus—neque enim ferōciōrēs ferās, dente vel cornū armātās, Charitē marītum suūm quaerere patiēbātur—ad silvam dēnsissimam cum canibus vēnāticīs pervēnit. Repente ē mediā silvā immānis exsurgit aper, saetīs inhorrentibus squālidus, dentibusque frendentibus spūmeus, et fortiōrēs canum comminus aggrēssus, dentibus hāc illāc iactātīs la<br>lacerāvit interfēcitque ; deinde calcātīs rētibus, quae prīmum retinuerant impetum, effūgit et sēsē in fugam dedit.  Quae cum ita gererentur, Thrasyllus fraudis occāsiōnem nactus, sīc Tlēpolemum compellat. 'Quid hīc dubitāmus pavōre perculsī et tam opīmam praedam ē mediīs manibus āmīttimus ? quīn equōs ascendimus ? quīn ōcius īnstāmus ? ēn cape vēnābulum et ego sūmam lanceam.' Neque morātī prōtinus īnsiliunt equōs summō studiō aprum īnsequentēs. Prior Tlēpolemus iaculum, quod gerēbat, īnsuper dorsum ferae contorsit.  At Thrasyllus ferae quidem pepercit, sed equī, quō vehēbātur Tlēpolemus, postrēmōs poplitēs lanceā amputat. Quadrupes dēlāpsus, quā sānguis efflūxerat, tōtō tergō supīnātus, invītus dominum suum ad terram dēvolvit ; nec mora, sed eum ferōcissimus aper invādit iacentem, āc prīmō vestēs ēius, mox ipsum resurgentem multō dente laniāvit.  Nec coeptī nefāriī bonum piguit amīcum, sed Tlēpolemō volnerāta crūra contegentī, auxiliumque miserē rogantī, per femur dexterum dīmīsit lanceam ; ipsam quoque feram facilī manū trānsfōdit.  Ad hunc modum interfectō dominō, servī ēius, quisque ē suā latebrā, concurrērunt.  At ille, quamquam, vōtī compos, et prōstrātō inimīcō, laetus agēbat, voltū tamen gaudium tegēbat, dolōremque simulābat, et cadāver, quod ipse strāverat, avidē complexus omnia quidem lūgentium

86

officia affīnxit. Sīc ad nostrī similitūdinem, quī vērē lāmentābāmur, maerōre fictō, manūs suae culpam aprō dabat. Charitē autem simul atque audīvit marītum suum esse mortuum, summā celeritāte ad silvam contendit et tōtam sē super corpus effūdit; aegrē manibus suōrum ērepta domum rediit; saepenumerō Thrasyllus manūs ēius a pectore pulsandō āmovēre, lūctum sēdāre, blandīs vōcibus dolōrem mulcēre frustrā cōnābātur. Sed officiīs fūneris statim exāctīs, id prōtinus puella agēbat ut mortem quam celerrimē obīret ipsa. Crēderēs eam inediā velle vītam fīnīre; nihil enim edēbat, imīs in tenebrīs abscondita lūcem sōlis vītābat. Sed Thrasyllus tandem, adiuvantibus amīcīs, eī persuāsit ut aliquantulum cibī ederet, neque corpus suum omnīnō neglegeret. Nec sē retinēre potuit quīn flāgitāret eam, adhūc flentem marītum, adhūc vestēs lacerantem, capillōs adhūc distrahentem, ut priōris marītī oblīta sibi nūberet. Sed Charitē ā nefandō prōpositō abhorruit, cōnābāturque efficere ut flāgitantem dēciperet. Tālia recordantī somniīs umbra miserē trucidātī Tlēpolemī, saniē cruenta et pallōre dēfōrmis, surgere vidēbātur atque hunc in modum loquī. 'Mea cōniux, vēnī ut necem meam in Thrasyllō vindicēs, nam scelestus ille lanceā suā mē ad Orcum mīsit.' Deinde omnibus rēbus patefactīs umbra ēvānuit. Charitē tamen nēquissimum percussōrem pūnīre et miseriīs vītae sēsē subtrahere cōnstituit. Thrasyllum igitur prīmā vigiliā tacitum iūssit ad forēs suās accēdere nūllōque cōnsciō domum intrāre. Placuit Thrasyllō hoc cōnsilium; nec fraudis aliquid suspicātus, sed spē sublātus, cubiculum irrēpsit, Charitēque eī vīnum sopōriferō venēnō immīxtum dedit, quō pōtū sōpītum eum aggrēssa est, acūque ē crīnibus dēpromptā oculōs ēius volnerāvit prōrsusque caecum illum relīquit. Tunc nūdō gladiō arreptō per mediam

37

urbem sē prōripuit āc prope marītī sepulcrum mortem sibi cōnscīvit. Thrasyllus vērō, omnibus rēbus cōgnitīs, nūllō aliō modō sē tantum scelus expiāre posse ratus, nec tantō facinorī gladium sufficere, sponte suā ad sepulcrum sē recēpit et 'Ēn ultrō vōbīs, īnfestī Mānēs, adest victima', saepe clāmitāns, valvīs super sēsē dīligenter obserātīs, inediā statuit fīnīre vītam suā sententiā damnātam.

### Simōnidēs poēta.

Quibus iam nārrātis alius quīdam dīxit fābulam dē Gabiēnō sibi in memoriam revocāvisse et aliam dē poētā Simōnide fābulam, omnibusque flāgitantibus ut nārrāret sīc incēpit : 'Ōlim Simōnidēs, cum ad lītus nāvem appulisset, inhumātumque corpus ibi inventum sepultūrā affēcisset, admonitus ab umbrā nē proximō diē nāvigāret, nam sī nāvigāsset naufragiō esse peritūrum, in terrā remānsit. Quī inde solverant, flūctibus et procellīs in cōnspectū eius obrutī sunt. Ipse gāvīsus est, quod vītam suam somniō quam nāvī crēdere māluisset. Memor autem beneficiī ēlegantissimō carmine virum celebrāvit, quō melius illī et diūturnius in animīs hominum sepulcrum cōnstituit quam quod in dēsertīs arēnīs strūxerat.'

Mihi quidem brevior haec fābula multō magis placuit quam illa dē Thrasyllō longior, neque mē retinēre poteram quīn ita dīcerem. Quibus dictīs, longiōris fābulae auctor dīxit oportēre puerulōs tacēre neque stultōs sē praestāre, cuī is quī dē Simōnide nārrāverat 'Interdum' respondit, 'etiam stultus bene loquitur'.

### Comitēs Ulixis.

Hī igitur iūrgiō alius alium lacessere coepērunt neque multum aberat quīn ē iūrgiō rīxa orerētur. Itaque pater statim 'Ulixem' inquit, 'trāditum est errantem, ēversō

iam Iliō, tempestātibus hūc illūc et ad aliās Ītaliae āc
Siciliae urbēs et Temessam etiam appulsum; ibi dē
nāvālibus sociīs ēius ūnum, virgine per vīnum violātā, ab
oppidānīs contumēliam vindicantibus lapidibus obrutum.
Ulixem quidem nūllā ratiōne mortem ulcīscendī initā
inde profectum; peremptī vērō socīī mānēs nūllum
saeviendī fīnem in cūiuslibet aetātis hominēs fēcisse,
dōnec patriam relictūrī Temessēnsēs, ut eam pestem
effugerent, Pȳthicī Apollinis respōnsō hērōem plācāre
iūssī sunt et cōnsecrātō eī solō templum aedificāre;
dēvovēre eī practereā quotannīs virginem illam, quae
ipsīs fōrmōsissima vīsa esset. Quod cum illī ex ōrāculō
facere pergerent, nihil omnīnō gravius dehinc passī
sunt. Forte vērō cum vēnisset Euthȳmus Temessam,
eō ipsō tempore quō sollemne nūminī sacrum fīēbat, rē
tōtā cōgnitā, āiunt illum postulāsse ut in templum intrō-
mītterētur; ibi virginem cōnspicātum, prīmō misericordiā
commōtum, deinde etiam amōre incēnsum; āc puellam
quidem, sī ab eō servāta esset, sē in ēius manum con-
ventūram, fidem dedisse. Armīs igitur captīs cum geniō
congrēssum; illum victum moenibus et agrō excessisse, ē
cōnspectū prōrsus hominum in mare dēmersum ēvānuisse.
Fuisse memorant, cīvitāte ūniversā ē foedissimā calamitāte
līberātā, māximē illūstrēs Euthȳmī nūptiās'. Quibus
nārrātīs 'Mīrum' inquit, 'quam mīrābilēs apud māiōrēs
nostrōs rēs acciderint; nūsquam tālia hodiē audīmus'.
'Sed accidunt' respondit alius, 'et apud nōs.'


### Caesar Rubicōnem trānsit.

Quid enim Caesarī ōlim accidit dubitantī utrum
Rubicōnem flūmen trānsīret necne? Nam post sōlis
occāsum, mūlīs ē proximō pīstrīnō ad vehiculum iūnctīs,

39

occultissimum iter modicō comitātū ingressus est; et cum, lūminibus exstīnctīs, dēcessisset viā, diū errābundus, tandem sub lūcem duce repertō, per angustissimōs trāmitēs pedibus ēvāsit; cōnsecūtusque cohortēs ad Rubicōnem flūmen, quod prōvinciae ēius fīnis erat, paulum cōnstitit, ac reputāns quantum mōlīrētur, conversus ad proximōs 'Etiam nunc', inquit 'regredī possumus; quod sī ponticulum trānsierimus, omnia armīs agenda erunt'. Cūnctantī ostentum fit hūiusmodī. Quīdam eximiā māgnitūdine et fōrmā proximē sedēns repente appāruit, harundine canēns; ad quem audiendum cum praeter pastōrēs plūrimī etiam ex statiōnibus mīlitēs concurrissent, raptā ab ūnō tubā, ad flūmen prōsiluit et ingentī spīritū classicum exōrsus ad alteram rīpam pertendit. Tunc Caesar 'Eātur' inquit 'quō deōrum ostenta vocant; iacta ālea est'.

### Cubitum eō.

Equidem vērō quamquam vehementer cupiēbam fābulās audīre in summō eram terrōre nē quis mē dē Dāvī somniō percontārētur. Īmmō vērō dum pater nārrat mihi cōnscius eram animī perturbātiōnis neque procul aberam quīn rubēscendō omnēs certiōrēs facerem mē perturbārī. Nam Valerium, avunculum meum, foedā speciē senem et mihi invīsum, cūriōsē mē spectāre vidēbam. Id igitur ēgī ut quam celerrimē ē cōnspectū ēius effugerem, quārē hiāre incipiēbam et omnibus modīs simulāre mē fessum esse. Quibus animadversīs pater 'Iamdūdum' inquit 'puerulōs dormīre oportet; age nunc, mī Lūcī, iubē omnēs valēre et ad cubiculum abī'. Simul atque haec audīvī summō cum gaudiō, salūtātīs convīvīs, discessī, nam, quamquam plērumque cubitum īre nōlō, sed adultōrum rītū pervigilāre mălō,—neque intellegere possum quam ob rem parentēs aliīque adultī tam mōrōsōs sē praestent ut iūniōrēs semper cubitum dīmīttant priusquam ipsī dormīre velint,—tunc autem minimē aegrē ferēbam mē dīmīttī. Quis enim serēnus esse potest cuī semper aliquis adsit terror? Beātum illum, cuī mēns rēctī sibi cōnscia; sed nēmo, cuī animī serēnitās abest, beātus dīcī potest quamvīs sit dīves. Ut Horātius dīcit:—

Dēstrīctus ēnsis cuī super impiā
cervīce pendet, nōn Siculae dapēs
   dulcem ēlabōrābunt sapōrem,
     nōn avium citharaeque cantūs
somnum redūcent.

### Dionȳsius et Dāmoclēs.

Neque Dionȳsius, Syrācūsārum tyrannus, quī tantās habēbat dīvitiās, tantamque rērum abundantiam, putābat sē esse beātum. Nam cum quīdam ex assentātōribus eius, Dāmoclēs, commemorāret in sermōne cōpiās ēius, opēs, māiestātem dominātūs, rērum abundantiam, māgnificentiam aedium rēgiārum; negāretque umquam beātiōrem quemquam fuisse: 'Vīsne igitur,' inquit, 'Dāmoclē, quoniam haec tē vīta dēlectat, ipse eandem dēgustāre, et fortūnam experīrī meam?' Cum sē ille cupere dīxisset, collocārī iūssit hominem in aureō lectō, strātō pulcherrimē textilī strāgulō, māgnificīsque operibus pīctō; abacōsque complūrēs ornāvit argentō aurōque caelātō. Tum ad mēnsam eximiā fōrmā puerōs dēlēctōs iūssit cōnsistere, eōsque nūtum ēius intuentēs dīligenter ministrāre. Aderant unguenta, corōnae; incendēbantur odōrēs; mēnsae conquīsītissimīs epulīs exstruēbantur. Fortūnātus sibi

Dāmoclēs vidēbātur. In hōc mediō apparātū fulgentem gladium, ē lacūnārī saetā equīnā aptum, dēmīttī iūssit, ut impenderet illīus beātī cervīcibus. Itaque nec pulchrōs illōs ministrātōrēs aspiciēbat, nec plēnum artis argentum ; nec manum porrigēbat in mēnsam ; iam ipsae dēfluēbant corōnae. Dēnique exōrāvit tyrannum ut abīre licēret, quod iam beātus nōllet esse.

Satisne vidētur dēclārāsse Dionȳsius nihil esse eī beātī, cuī semper aliquis terror impendeat?

### Fūnus.

Hodiē pater nōs omnēs iūssit vestēs mūtāre quia avus meus mortuus esset. Erat homo prōvectae aetātis, facilis ergā omnēs cōmisque, puerīs praecipuē benīgnus. Mihi saltem quotiēns eum vīsēbam, crustula, vel alia quaedam puerīs grāta, semper dabat. Summō igitur dolōre affectus sum cum audīvissem eum esse mortuum. Mortem obiit nūdius tertius, aviaque mea, quae aderat, oculōs ēius exstantēs rigentēsque clausit ; quibus clausīs, cadāver inclāmābat ' Avē ' vel ' Valē ' identidem iterāns. Deinde cadāver humī dēpositum pollīnctōrēs (quasi pellis ūnctōrēs) quōs libitīnāriī mīserant, aquā calidā lavant unguentīsque variīs unguunt. Quae cum gererentur uxor, animī valdē commōta, hūc illūc ambulābat et ' Utinam' clāmāvit 'adhūc vīveret ; numquam anteā percēpī quam cārus mihi esset. Ō stultōs mortālēs ! quī nisi quod Libitīna sacrāvit nihil mīrēminī'. At pollīnctōrēs, cum mūnera sua rīte cūrāvissent, corpus albā vestītum togā in lectō prope vēstibulum pedibus ad forēs versīs tanquam novissimē exitūrum composuērunt ; mortuum sīc positum necessāriī lūgēbant ; omnibusque rītū

42

perāctīs et trientī ōrī impositō nē ad portitōrem illum sine viāticō abīret, discessērunt omnēs. Tum dēmum cupressī rāmus foribus est affīxus.

Posterō diē exsequiae dūcēbantur, multīque necessāriī fūnerī intererant; quattuor vespillōnēs (hōc modō appellantur quia vespertīnō tempore mortuōs efferunt) mortuum feretrō impositum pedibus efferēbant; accēnsīs facibus pompa longa sequēbātur, quam dēsīgnātor, līctoribus adiuvantibus, ōrdinābat; tībīcinēs prīmī incēdēbant; deinde praeficae quae ut mortuī laudēs, immīxtīs lāmentīs, canerent condūctae erant, histriōnēs deinde scurraeque, quī māgnō cum cantantium sonō sequēbāntur, inter quōs et archimīmus erat, quī persōnam avī meī agēbat atque, ut est mōs, facta āc dicta ēius imitābātur. Quod tam bene faciēbat ut frāterculus meus, quippe quī nōn dubitāre posset quīn mortuus iterum vīveret, summō terrōre afficerētur. Proximī erant lībertīnī pilleātī; ante ipsum cadāver imāginēs māiōrum ferēbantur, deinde necessāriī vestibus pullātīs amictī. Tandem ad būstum perventum est, ubi rogus ārae īnstar exstrūctus iam stabat. Cadāvere impositō necessāriī ardentī face, voltibus āversīs, pyram incendērunt; odōrēs, unguenta, alia mūnera, in īgnem iēcērunt; victimās quoque ut mānēs plācārent apud pyram mactāvērunt; combūstō rogō, exstīnctōque īgnī, vīnōque super cinerēs effūsō, ossa collēcta urnae sunt imposita, ipsaque urna sepulcrō. Quibus perāctīs vātes quīdam omnēs, quī aderant, aquā lūstrālī ē laurī rāmō iniectā lūstrāvit et 'Īlicet' clāmāvit; omnēs deinde priusquam abiērunt novissima verba dīxērunt mortuumque iussērunt valēre. Nōn ita multō post hoc ēlogium in sepulcrō est sculptum :—

43

# DĪS MĀNIBUS SACRUM

### HĪC IACET

M. Cornēlius Polliō

S.T.T.L. [sit tibi terra levis.]

Ā sōle exoriente suprā Maeōtis palūdēs
nēmo est quī factīs aequiperāre queat.
sī fās endo plagās caelestum ascendere cuīquam est,
mī sōlī caelī māxima porta patet.

### Tēstāmentum et līs inde orta.

Tēstāmentō apertō atque recitātō haec invēnimus: hērēdēs īnstituerat prīmōs, Līviam (uxōrem suam) ex parte dīmidiā, Sīlium (avunculum meum et patre nātū māiōrem) ex parte tertiā; secundum, Sextum Cornēlium (patrem meum) ex sextante. Haec patris hērēditās fundus erat Sabīnus, quī māximae molestiae nōbīs erat initium. Namque in tēstāmentō 'Sextus Cornēlius' modo erat scrīptum cōgnōmine omīssō; alter tunc Rōmae erat Sextus Cornēlius, quī simul atque dē tēstāmentō audīvit fundum nostrum, ut hērēs, sibi vindicāvit. Amīcōrum operā pater diū cōnābātur lītem compōnere; tandem autem nōn facere potuit quīn adversārium suum (Libanus erat eī cōgnōmen) in iūs vocāret. Domum igitur profectus 'In iūs' inquit, 'tē vocō; sequere ad tribūnal'. Cum negāret ille, pater ad praetereuntem quemdam versus 'Licetne antestārī?' rogāvit; hīc auriculam oppōnit et Libanus in iūs rapitur. Prīmō tamen simulāvit sē aegrōtāre nē in iūs īret; negāvit dēnique sē posse ambulāre. Sed pater plaustrum mīsit quō ad praetōrem veherētur. Sed etiam tunc Libanus domō suā, tūtissimō refugiō, ēgredī recūsābat. Itaque pater,

quippe quī scīret eum fraudis modo causā latēre, epistulā
mīssā, iterum eum in iūs ēvocāvit. Libanus igitur
quī timēbat nē pater in bona sua mītterētur, sī diūtius
latuisset, domō tandem ēgressus est, et pater sine morā
eum in iūs rapuit. Fāstus, ut accidit, diēs erat—diēs
fāstī ā ' fandō ' appellantur, quod hīs diēbus praetōrī licet
haec tria verba fārī

## DŌ, DĪCŌ, ADDĪCŌ

nam praetor āctiōnem dat, iūs ' dīcit, bona vel damna
alterutrī adversāriōrum addīcit. Hoc et Ovidius Nāso
poēta expōnit :—

Ille nefāstus erit, per quem tria verba silentur:
fāstus erit, per quem lēge licēbit agī.

Pater igitur, cum ad forum perventum est, cōram praetōre
lītem quam in reum intendēbat, exposuit, āctiōnem-
que postulāvit. Libanus simul ōrāvit ut advocātus sibi
darētur quī causam suam ageret. Āctiōne datā, pater lēgu-
lēium arcessīvit quī fōrmulam scrīberet ; timēbat enim nē,
sī quid in fōrmulā concipiendā errāvisset, causa caderet ;
deinde fōrmulam hōc modō rēctē scrīptam Libanō recitāvit ; vadēs quoque poposcit quī spondērent eum perendiē
adfutūrum, cuī Libanus, nē in vincula iacerētur, vadimōnium dedit. Quibus factīs domum est discessum.

Apud nōs tōtus diēs summō cum silentiō agēbātur;
immō vērō pater ita animī commōtus est ut nīl cēnae
edere posset. Omnēs igitur rem compōnere cōnābāmur ;
pater prōmīsit fore ut reum iūdiciō absolveret sī modo
fundum sibi reddidisset. Sed nūllō modō efficere potuimus
ut hoc faceret.

Diē cōnstitūtō pater sē ad tribūnal praetōris māne

contulit ; nōndum aderat Libanus ; paululum vidēbātur vadimōnium dēsertūrus esse ; tandem autem vēnit obiitque vadimōnium. Ingrēssus forum, 'Ubi tū es' inquit, 'quī mē vadātus es ? Ecce mē tibi sistō, tū contrā et tē mihi siste.' 'Adsum' respondit pater ; deinde ille 'Quid ais?' rogāvit, cuī pater 'Āiō fundum, quem possidēs, meum esse; inde ego tē ex iūre manum cōnsertum vocō'; et Libanus respondit 'Unde tū mē ex iūre manum cōnsertum vocāstī, inde ibi ego tē revocō'. Quibus dictīs praetor 'Utrīsque' inquit, 'superstitibus praesentibus, istam viam dīcō.' Statim ambo proficīscēbantur tamquam glaebam allātūrī ; ubi autem praetor sine morā 'Redīte viam' inquit, ambo rediērunt, et praetor 'Utī nunc possidētis, ita possideātis ; vīm fierī vetō', dīxit. Deinde hunc in modum agēbātur āctiō.

Pater meus, quippe quī possessiōne dēiectus esset, ad Libanum versus 'Quando' inquit 'ego tē in iūre cōnspiciō, postulō an siēs auctor (id est possessor) unde iūs meum repetere possim'; deinde postulāvit ut satisdaret sē nihil dēterius in possessiōne factūrum vel abscīdendō arborēs vel aedificia dēlendō. Tunc praetor utrīque imperāvit ut sacrāmentum solveret. Quā pecūniā solūtā, pater rūrsus 'Quando negās' inquit, 'hunc fundum esse meum, sacrāmentō tē quīngēnāriō prōvocō ; spondēsne quīngentōs, sī meus est ?' 'Quīngentōs' respondit Libanus, 'spondeō, sī tuus sit. Et tū spondēsne quīngentōs, nī tuus sit ?' Et 'Spondeō' respondit pater, 'nī meus sit'; deinde ad praetōrem versus hōc modō pergit 'Praetor, recuperātōrēs postulō ut dēs in diem perendinum', et praetor recuperātōrēs sīc dedit : 'C. Aquillī, iūdex estō. Sī pāret fundum Sabīnum, dē quō Cornēlius Polliō cum Libanō agit, Cornēlī esse ex iūre Quirītium, neque is Cornēliō ā Libanō restituā-

46

tur, tum Libanum condemnā.' Omnibus recuperātōribus hunc in modum addictīs, pater et Libanus inter sē in perendinum diem, ut ad iūdicium venīrent, dēnūntiā- vērunt. Quibus factīs iterum domum est discessum.

Domī inter cēnandum māter cum animadverteret patrem tantā taciturnitāte oppressum 'Utinam' in- quit, 'pater tuus numquam esset mortuus, neque fundum istum tibi relīquisset; nam nīl nisi molestiam cūramque nōbīs praebet. Horātius scīlicet scrīpsit

Cūr valle permūtem Sabīnā
dīvitiās operōsiōrēs?

Sed nesciō quid nōbīs saltem molestius fierī possit quam fundus ille Sabīnus'. At pater 'Nīl muliere loquācius est' respondit, et omnēs cubitum abiimus.

Tertiō diē iterum ad tribūnal rediimus. Quisque iūdex sē ex animī sententiā iūdicātūrum esse hōc modō iūrāvit : lapidem dextrā tenēns 'Sī sciēns fallō' dīxit, 'tum mē Diēspiter, urbe salvā et arce, ē bonīs ēiciat, ut ego hunc lapidem'. Quibus dictīs in subselliīs sedēbat, quasi ad pedēs praetōris. Ipse praetor, togā praetextā amictus, in sellā curūlī sedēbat. Ut sūdābat ! Ō miserum hominem aestīvō tempore tot vestibus vestītum ! Equidem vērō mihi grātulābar quod nōn eram praetor nec togā praetextā, sed tunicā modo, amictus. Advocātī utriusque partis causās agunt, sed ōrātiōnēs omīttam, nē taedium vōbīs moveam. Causā utriusque perōrātā, iūdicēs pauli- sper dēlīberant, deinde sententiīs lātīs, praetor assur- rēxit et clāmāvit 'Secundum Sextum Cornēlium Polliō- nem lītem dō'. Quibus audītīs nōs omnēs summō gaudiō affectī sumus et, līte tam bene iūdicātā, domum redīvimus.

### Rūs ītur.

Posterō diē pater sē ad hunc Sabīnum fundum abitūrum esse dīxit; et mē sēcum dūxit. Ō quam grātum mihi erat rūs post tot urbis strepitūs forīque negōtia! Mihi quidem rūs semper vidētur urbe multō melius esse. Ut dīcit Iuvenālis—

nam quid tam miserum, tam sōlum vīdimus ut nōn
dēterius crēdās horrēre incendia, lāpsūs
tēctōrum assiduōs āc mīlle perīcula saevae
urbis, et Augustō recitantēs mēnse poētās?

Diū per vīcōs artissimōs, raedīs, armentīs cōnfertōs, vehimur et

'nōbīs properantibus ōpstat
turba prior, māgnō populus premit āgmine lumbōs
quī sequitur; ferit hic cubitō, ferit assere dūrō
alter, at hic tīgnum capitī incutit, ille metrētam.
Pinguia crūra lutō, plantā mox undique māgnā
calcor et in digitō clāvus mihi mīlitis haeret;
scinduntur tunicae sartae modo, longa coruscat
serrācō veniente abiēs, atque altera pīnum
plaustra vehunt, nūtant altē populōque minantur;
nam sī prōcubuit quī saxa Ligustica portat
axis et ēversum fūdit super āgmina montem,
quid superest ē corporibus? quis membra, quis ossa
invenit? obtrītum volgī perit omne cadāver
mōre animae. Domus intereā sēcūra patellās
iam lavat et buccā foculum excitat et sonat ūnctis
strīglibus et plēnō compōnit lintea gūtō.
Haec inter puerōs variē properantur, at ille
iam sedet in rīpā taetrumque novīcius horret
porthmea nec spērat caenōsī gurgitis alnum,
īnfēlix nec habet quem porrigat ōre trientem'.

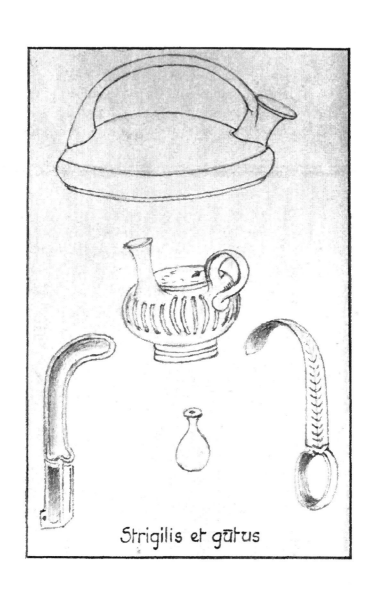

Strigilis et gutus

Tandem ad pōmērium tūtī pervēnimus, et, urbe relictā, agrōs apertōs vidēmus. Quam fēlīcēs omnēs videntur esse rūsticī !

Ego vērō nōn facere poteram quīn Horātī versūs in memoriam revocārem

Beātus ille, quī procul negōtiīs,
   ut prīsca gēns mortālium,
paterna rūra bōbus exercet suīs,
   solūtus omnī faenore,
neque excitātur classicō mīles trucī,
   neque horret īrātum mare,
forumque vītat et superba cīvium
   potentiōrum līmina.

Circā merīdiem, itinere perfectō, ad fundum nostrum pervēnimus. Longē ab aliīs remōtus sōlus in valle recondita iacēbat ; vīlicus nōs excēpit et ubi vīllam intrāvimus prandium parātum nōbīs apposuit.

Prānsus per tōtum fundum vagābar, summā admīrātiōne affectus. Vīlicus mihi omnia dē variīs aedificiīs, de animālibus expōnēbat. Tōta locī amoenitās māximē mihi cordī erat ; quam bene nōs monet Iuvenālis :—

Hortulus hīc puteusque brevis nec reste movendus
in tenuēs plantās facilī diffunditur haustū.
vīve bidentis amāns et cultī vīlicus hortī ;
unde epulum possīs centum dare Pȳthagorēīs.
est aliquid, quōcumque locō, quōcumque recessū
ūnīus sēsē dominum fēcisse lacertae.

Equidem certē nīl magis cupiēbam quam tōtam nostrō in fundō vītam dēgere. Quam beātus mihi vidēbātur noster 'cultī vīlicus hortī ' quī numquam ā fundō, nisi ad mortem, discessūrus esset. Sed in vītā perāctā multum errāverat, multāsque vīserat cīvitātēs. Multa enim mihi

49

dē aliīs terrīs nārrāvit, id tamen quod praecipuē mihi placuit erat fābula dē gruibus quam hunc in modum mihi exposuit.

## Dē gruibus.

‘ Gruēs aestīvō tempore cum calōrem Aegyptī nōn amplius ferre possint abeunt ; passīsque vēlōrum in modum ālīs, rēctā viā Scythiam versus per āëra feruntur. Cum vērō parum concinna corpora vix possint lībrāre (in mediō enim graviōra, suprā sunt nimis porrēcta, et quae caudam pars tangit, levior est) necesse est (nōn secus quam nāvis quae ventīs iactātur) in āëre flūctuent. Quod cum vel sēnsū vel ipsā compertum habeat experientiā, nōn prius in altum sē tollit grūs, quam lapidem ōre sūmat, quī illī et saburrae īnstar est, commodē ut volet, et salūtī nē pereat.’

## Dē cervīs.

Haec mihi mīrantī vīlicus ille de cervīs pergit. ‘ Cervae quoque, aestīvō tempore, pāscendī causā, ex Siciliā Rhēgium trānsmīttunt ; quī cum nōn exiguus sit trāiectus, fit tandem ut dēficiant, aegrēque suprā aquam capita tollant. Ergō hoc excōgitāvērunt remedium. Singillātim omnēs natant ōrdine, ut alteram sequātur altera, nōn aliter quam bene īnstrūctus prōcēdit exercitus. Sequentis enim caput priōris incumbit laterī, atque ita natant dōnec dēfatīgētur prīma quae āgmen dūcit. Quod cum fit, illa in tergō locātur, et alia prīmum tenet locum.’

Utrum haec fābula vēra sit necne, nesciō, sed cum vīlicum offendere nōllem, mē crēdere simulāvī. Deinde tot rēbus spectātīs dēfessus ad novum meum cubiculum abīvī.

Posterō diē, māne experrēctus, ad flūmen, quod fundum nostrum praeterit, vīlicō comitante, piscandī causā ambulāvī. Neque piscium cōpia dēerat, et dum apud rīpam sedēmus 'Nōn eādem, quā Canius' inquit vīlicus 'fortūnā ūtimur'. Deinde mihi rogantī quid eī accidisset hanc nārrāvit fābulam.

### Dolus piscātōrum.

C. Canius, eques Rōmānus, cum sē Syrācūsās ōtiandī (ut ipse dīcere solēbat) nōn negōtiandī causā, contulisset, dīctitābat sē hortulōs aliquōs velle emere, quō invītāre amīcōs, et ubi sē oblectāre sine interpellātiōnibus posset. Quod cum percrēbuisset, Pȳthius eī quīdam, quī argentāriam faceret Syrācūsīs, dīxit vēnālēs quidem sē hortōs nōn habēre, sed licēre ūtī Caniō, sī vellet, ut suīs; et simul ad cēnam hominem in hortōs invītāvit in posterum diem. Cum ille prōmīsisset, tum Pȳthius, quī esset, ut argentārius, apud omnēs ōrdinēs grātiōsus, piscātōrēs ad sē convocāvit, et ab hīs petīvit ut ante suōs hortulōs postrīdiē piscārentur; dīxitque quid eōs facere vellet. Ad cēnam tempore vēnit Canius; opiparē ā Pȳthiō apparātum convīvium; cymbārum ante oculōs multitūdō; prō sē quisque quod cēperat, afferēbat; ante pedēs Pȳthiī piscēs abiciēbantur. Tum Canius 'Quaesō' inquit, 'quid est hoc, Pȳthī, tantumne piscium, tantumne cymbārum?' Et ille 'Quid mīrum?' inquit 'hōc locō est, Syrācūsīs quidquid est piscium; haec aquātiō; hāc vīllā istī carēre nōn possunt'. Incēnsus Canius cupiditāte, contendit ā Pȳthiō ut venderet. Quid multa? Impetrat; emit tantī, quantī Pȳthius voluit, et emit īnstrūctōs; nōmina facit, negōtium cōnficit. Invītat Canius postrīdiē familiārēs suōs; venit ipse mātūrē. Scalmum nūllum videt; quaerit ex proximō vīcīnō num fēriae quaedam piscātōrum essent, quod eōs nūllōs vidēret. 'Nūllae, quod sciam,' inquit ille, 'sed hīc piscārī nūllī solent; itaque herī mīrābar quid accidisset.'

Stomachābātur Canius; sed quid faceret?

### Lūdī magister scelerātissimus.

Quae cum vīlicus ille mihi nārrāvisset ego aliquid in memoriam revocāre cōnābar quod eī nārrārem. In mentem vēnit fābula quam apud Līvium ōlim in lūdō recitāvimus. Hunc igitur in modum incēpī. Ut tū multa scīs dē piscibus, cervīs, gruibus, cēterīsque animālibus, ita ego multa dē lūdōrum magistrīs, quōrum dē scelerātissimō nunc audī fābulam:

'Mōs erat Faliscīs eōdem magistrō līberōrum et comite ūtī, simulque plūrēs puerī ūnius cūrae dēmandābantur. Prīncipum līberōs, sīcut ferē fit, quī scientiā vidēbātur praecellere, ērudiēbat. Is cum in pāce īnstituisset puerōs ante urbem lūsūs exercendīque causā prōdūcere, nihil eō mōre per bellī tempus intermīssō, modo breviōribus, modo longiōribus spatiīs trahendō eōs ā portā lūsū sermōnibusque variātīs, longius solitō, ubi rēs dedit, prōgressus inter statiōnēs hostium, castraque inde Rōmāna (Rōmānī tunc oppidum obsidēbant) in praetōrium ad Camillum eōs perdūxit. Ibi scelestō facinorī scelestiōrem sermōnem addit; Faleriōs sē in manūs Rōmānīs dedisse, quando eōs puerōs quōrum parentēs capita ibi rērum sint, in potestātem dēdiderit. Quae ubi Camillus audīvit "Nōn ad similem" inquit, "tuī nec populum nec imperātōrem scelestus ipse cum scelestō mūnere vēnistī. Nōbīs cum Faliscīs, quae pāctō fit hūmānō, societās nōn est; quam ingenerāvit nātūra utrīsque, est eritque. Sunt et bellī sicut pācis iūra, iūstēque ea nōn minus quam fortiter didicimus gerere. Arma habēmus nōn adversus eam aetātem, cuī etiam captīs urbibus parcitur, sed adversus armātōs et ipsōs, quī, nec laesī nec lacessītī ā nōbīs, castra Rōmāna ad Vēiōs oppūgnārunt. Eōs tū, quantum in tē

52

fuit, novō scelere vīcistī; ego Rōmānīs artibus, virtūte opere armīs, sīcut Vēiōs, vincam". Dēnūdātum deinde eum, manibus post tergum illigātīs, redūcendum Falēriōs puerīs trādidit, virgāsque eīs, quibus prōditōrem agerent in urbem verberantēs, dedit.'

Quā recitātā fābulā 'Tālia quidem' inquam 'hodiē num- quam accidunt. Sed et apud nōs, nostrō in lūdō, mīra quaedam nōnnumquam accidunt'.

### Physiōgnōmōn.

'Nam postrēmō annō physiōgnōmōn quīdam, Zōpyrus nōmine, Rōmam vēnit, quī sē nātūram cūiusque ex fōrmā perspicere profitēbātur. Hic quondam ad lūdum nostrum vēnit, ōrāvitque magistrum ut sibi licēret puerōrum mōrēs nātūrāsque ex corpore vultū oculīs expōnere. Magister igitur nōbīs imperāvit ut ōrdine stārēmus et capita advenae pertractanda adhibērēmus. At ille, mīrābile dictū, capite cūiusque manibus pertractātō, omnium nātūrās rēctē exposuit, et nōs omnēs "Macte" exclāmā- vimus; etiam magister, quī plērumque sē trīstissimum praestat, nōn facere potuit quīn hominī grātulārētur. Quibus laudibus ērēctus physiōgnōmōn magistrō quoque persuāsit ut sibi licēret et ipsīus pertractāre caput; et dum pertractat, pariter āc nōbīscum anteā fēcit, mōrēs expō- nēbat; tam submīssā vōce tamen loquēbātur ut nōs reliquī vix audīre possēmus; ego autem vīdī magistrum rubēre animōque plānē perturbārī. Itaque ā tergō clam appropinquāvī ut quid dīceret Zōpyrus audīrem; quid vērō dīxisset nōn invenīre poteram; nam simul atque ego tacitō gradū ad eōs pervēnī, magister summā īrā com- mōtus, correptā ferulā, caput Zōpyrī ingentī ictū pulsāvit et "Accipe" inquit "tū quoque tumōrem capitis ut omnēs sciant tē stultissimum esse". Quō dictō hominem tot

verberibus onustum ē lūdō expulit. Nōs discipulī īrae
ēius nōn oblītī, sī quandō molestiam eī posteā volēbāmus
afferre, semper rogābāmus num rē vērā animī nātūra ē
corporis fōrmā posset cōgnōscī.'

Quibus nārrātīs iam tempus erat ad vīllam redīre.

### Advena.

Quō cum rediissem invēnī amīcum patris meī ad vīllam
pervēnisse ut apud nōs aliquot diēs dēgeret. Centuriō
est quī bellīs multīs interfuit. Contrā Germānōs, Britannōs, multās aliās nātiōnēs pūgnāvit. Nōn semel bisve sed
saepe in proeliō est vulnerātus. Ōlim cum commīlitō
quīdam ab hostibus oppressus in eō erat ut interficerētur,
centuriō illī summā virtūtē succurrit, et vītā amīcī cōn-
servātā ipse graviter factus est saucius. Ō centuriōnem
fortissimum! quam vellem et ipse mīles essem, ut contrā
hostēs patriae meae strēnuē pūgnārem! Nōmen cen-
turiōnī est Sulpiciō, Gādibus in Hispāniā nātō annīs
abhinc quīnquāginta. Quam dīves hominum nōn modo
fortium sed etiam ingeniōsōrum est et fuit terra illa
Hispānia! Lūcānus poēta, Seneca philosophus, Quīn-
tiliānus rhētōr, Mārtiālis poēta, hī inter aliōs in Hispāniā
nātī posteā Rōmam vēnērunt.

Multa pater meus et centuriō post cēnam inter sē
collocūtī sunt, quibus sermōnibus ego quoque interfuī.
Cum satis diū dē bellō Britannicō nārrāvissent, 'Ō pater'
inquam 'cūr necesse est bella tam longinqua gerant
Rōmānī? Nōnne satis māgnum est imperium nostrum?'
'Satis sānē' inquit pater 'plūs quidem quam satis, ut
arbitrantur nōnnūllī. Sed Sulpicius noster melius quam
ego hīs dē rēbus tibi potest dīcere'. Cui Sulpicius subrīdēns, 'Libēns faciam' inquit 'quod rogās; negōtiīs
enim aliīs vacō, et fīlius tuus scientiae cupidus vidētur.

Multīs in regiōnibus nostrī bella gerere cōguntur, nōn ut imperium augeant sed ut fīnēs imperiī fīrmātī sint atque dēfēnsī. Quōmodo enim incolae longinquārum prōvinciārum sēcūrī possunt vīvere, sī semper eīs timendum est nē irrumpant barbarī, omnia rapiant, hominēs interficiant? Nōn aliēna cupimus, sed nostra nostrōsque dēfendere. Nōnnumquam tamen fit ut nostra dēfendere nōn possīmus nisi contrā aliōs populōs bellum ultrō gerāmus. Itaque et Britannōs oppūgnāvit Gāius Iūlius Caesar, quia Gallīs auxilium praebēbant. Mihi quidem vidētur nihil magis reī pūblicae prōdesse quam ut prōvinciae dēfendantur, etiam sī bella longinqua gerere cōgimur.' Cuī ego 'Grātiās agō' inquam 'quod haec omnia tam clārē exposuistī. Quam velim dē prīscīs Rōmānōrum factīs mihi aliquid nārrēs'. 'Crās fortāsse' respondit 'nārrābō'. 'Pergrātum' inquam 'faciēs'.

Postrīdiē igitur ego, frāter, sorōrēs (omnēs enim Sulpicium audīre cupiēbāmus) vesperī ad eum convēnimus. Quibus vīsīs subrīdēns 'Nōn modo discipulōs' inquit 'sed etiam discipulās, ut vidētur, doctūrus sum. Strēnuē mihi rēs est agenda, ut omnibus placeam.' Tum frāter, 'Nōlī timēre,' inquit, 'nē nōbīs displiceās; nam et historiās amāmus et tē ipsum, quī fortissimum in proeliandō tē praestiteris. Scrīptōrēs rērum plērīque multa quidem scrībunt, ipsī agunt nihil. Audītōrēs habēbis nōn incūriōsōs.' 'Quod poterō' respondet 'faciam'.

### Pyrrhī medicus.

Ōlim, ut scītis omnēs, populō Rōmānō Pyrrhus, rēx Ēpīrōtārum, bellum ultrō intulit. Nam cum Rōmānōs potentēs vidēret Apollinem dē bellō cōnsuluit. Ille ambiguē respondit 'Āiō tē Rōmānōs vincere posse'. Hoc ad sē dictum ratus contrā Rōmānōs vēnit, adversus quōs variō ēventū pūgnābat. Diū dē summō imperiō inter eum et Fabricium, imperātōrem Rōmānum, erat certāmen. Perfuga quondam ab eō in castra Fabricī vēnit, eīque est pollicitus, sī praemium sibi posuisset, sē, ut clam vēnisset, sīc clam in Pyrrhī castra reditūrum, et eum venēno necātūrum. Hunc Fabricius redūcendum cūrāvit ad Pyrrhum; idque ēius factum laudātum ā senātū est. Nam sī glōriae causā imperium expetendum est, scelus absit, in quō nōn potest esse glōria; sīn ipsae opēs expetuntur quōquō modō, nōn poterunt ūtilēs esse cum īnfāmiā. Quod posteā Rēgulus quoque iterum arguit.

### Mārcus Atilius Rēgulus.

Hic erat vir ēgregiā virtūte quī prīmō Carthāginiēnsēs plūribus proeliīs vīcit, tandem tamen ab iīs duce Xanthippō Lacedaemoniō victus captusque, Rōmam mīssus est, dē captīvīs commūtandīs āctūrus, fidē datā, sē, sī nihil perfēcisset, reditūrum. Ille Rōmam cum vēnisset, in senātum indūctus, Rōmānīs persuāsit nē pāx cum Poenīs fieret; illōs enim frāctōs tot cāsibus spem nūllam habēre; sē tantī nōn esse, ut tot mīlia captīvōrum propter ūnum sē et senem, et paucōs, quī ex Rōmānīs captī essent, redderentur. Senātūs cōnsultō hanc in sententiam factō, ipse Carthāginem rediit; suādentibusque Rōmānīs ut Rōmae manēret, negāvit sē in eā urbe mānsūrum, in quā postquam Āfrīs servisset, dīgnitātem honestī cīvis habēre nōn posset. Regrēssus igitur ad Āfricam exquīsītissimīs suppliciīs interfectus est. Sed quam praeclāram fāmam sibi parābat! Audīte enim id quod dīcit Horātius.

Hoc cāverat mēns prōvida Rēgulī
dissentientis condiciōnibus
foedīs, et exemplō trahentis
perniciem veniēns in aevum,

sī nōn perīret immiserābilis
captīva pūbēs. 'Sīgna ego Pūnicīs
    adfīxa dēlūbrīs et arma
      mīlitibus sine caede,' dīxit,

'dērepta vīdī; vīdī ego cīvium
retorta tergō bracchia līberō
    portāsque nōn clausās, et arva
      Mārte colī populāta nostrō.

Aurō repēnsus scīlicet ācrior
mīles redībit. Flāgitiō additis
    damnum; neque āmīssōs colōrēs
      lāna refert medicāta fūcō,

nec vēra virtus, cum semel excidit,
cūrat repōnī dēteriōribus.
    Sī pūgnat extrīcāta dēnsīs
      cerva plagīs, erit ille fortis

quī perfidīs sē crēdidit hostibus,
et Mārte Poenōs prōteret alterō,
    quī lōra restrīctīs lacertīs
      sēnsit iners timuitque mortem.

Hic, unde vītam sūmeret īnscius,
pācem duellō mīscuit. Ō pudor!
    Ō māgna Carthāgō, probrōsīs
      altior Ītaliae ruīnīs!'

Fertur pudīcae cōniugis ōsculum
parvōsque nātōs ut capitis minor
    ab sē remōvisse et virīlem
      torvus humī posuisse vultum,

dōnec labantēs cōnsiliō patrēs
fīrmāret auctor numquam aliās datō,
   interque maerentēs amīcōs
      ēgregius properāret exsul.

atquī sciēbat quae sibi barbarus
tortor parāret; nōn aliter tamen
   dīmōvit obstantēs propinquōs
      et populum reditūs morantem,

quam sī clientum longa negōtia,
dīiūdicātā līte, relinqueret,
   tendēns Venāfrānōs in agrōs
      aut Lacedaemonium Tarentum.


### Theātrum.

Nūdius tertius Rōmam rediimus et pater mē sinit
sēcum ad theātrum īre. In quattuordecim ōrdinibus,
quippe quī equestrī nātus sit locō, sedēbat; namque post
senātōrēs ex vetere īnstitūtō quattuordecim graduum ōrdinēs equestrī ōrdinī assīgnātī sunt. Postquam cōnsēdi-
mus, pater aurī meae ōre suō admōtō susurrāns 'Vidēsne'
inquit 'senem istum prōmīssā barbā, quī, dēsīgnātōre
appropinquante, ē locō suō semper cēdit et quasi currit
per ōrdinēs equestrēs?' 'Cūr, pater,' rogāvī 'ita agit?
Dēsīgnātōrem vidētur timēre'. 'Et iūre timet' respondit
pater 'nam cēnsū equestrī caret; itaque nōn licet eī inter
hōs ōrdinēs sedēre. Nēmo enim inter equestrēs adscrībī
potest cuī nōn sint quadringenta sēstertia'. Adhūc
loquente patre, dēsīgnātōrem iterum hominī appropin-
quantem vīdī et quid esset ēventūrum mīrābar, cum
'Spectā' inquit pater 'quid sit factūrus; rīdiculam
enim agit rem, et omnibus lūdibriō est; īmmō vērō

Mārtiālis poēta carmen scrīpsit ut eum irrīdeat'. Tum vērō Nannēium vīdī (ita enim mihi pater dīxit hominem appellārī) dēsīgnātōrī cēdere dōnec ad ultimam sēdem quartīdecimī ōrdinis perventum est. Sed nē hanc quidem sēdem retinēre potuit et ā dēsīgnātōre dīmōtus est. Genū igitur flexō apud hanc sēdem manēbat, ut vidērētur inter equitēs sedēre, quamquam rē vērā nūllam obtinēbat sēdem, sed extrā ōrdinēs in foribus erat. Mihi certē ita rīsum movit ut posterō diē carmen sine morā legere cuperem quod pater mihi dīxit Mārtiālem scrīpsisse; eō magis legere cupiēbam quod virum ipsum vīderam. Et putō vōs quoque quī dē homine iam nunc audīveritis omnēs velle audīre. Audīte igitur:—

> Sedēre prīmō solitus in gradū semper
> tunc, cum licēret occupāre, Nannēius
> bis excitātus terque trānstulit castra,
> et inter ipsās paene tertius sellās
> post Gāiumque Lūciumque cōnsēdit ;
> illinc cucullō prōspicit caput tēctus
> oculōque lūdōs spectat indecēns ūnō,
> et hinc miser dēiectus in viam trānsit,
> subselliōque sēmifultus extrēmō
> et male receptus alterō genū iactat
> equitī sedēre Lēitōque sē stāre.

Nunc autem ad theātrum redeāmus, nam carmen posterō modo diē lēgī. Simul atque aulaeum mīttitur histriōnemque vidēmus in scaenā stantem, quantum audiō strepitum! Immō vērō vōx histriōnis plaudentium sonum nōn ēvaluit pervincere. Tragoedia quaedam agēbātur, sed inter tot plaudentium strepitum nīl audīre poteram. Neque rē vērā spectātōribus placuit, nam mediam inter tragoediam clāmāre incēpērunt et

59

poscere ut ursī vel pugilēs adhibērentur. Deinde turmae equitum peditumque catervae trāns scaenam currunt; sequuntur rēgēs manibus retòrtīs, esseda, pīlenta, nāvēs, panthērae, camēlī, elephantī, tantaque omnium rērum animāliumque multitūdō ut mē quidem tam longae pompae mox taedēret. Nec nōn spectātōrum clāmōrēs molestiam mihi afferunt, namque ut Horātius dīcit

Gargānum mūgīre putēs nemus aut mare Tūscum,
tantō cum strepitū lūdī spectantur et artēs.

Tandem autem fīnis aderat et dum aulaeum tollitur rem mīrābilem vīdī, nam Britannōrum figūrae in ipsō aulaeō erant intextae; cum igitur aulaeum tollerētur ipsī Britannī manibus suīs id tollere vidēbantur. Equidem vērō putāvī vīvōs eōs esse gigantas, sed postquam ē theātrō discessum est pater mihi tōtam rem exposuit.

### Dē alcibus.

Dum domum redīmus dē tantā animālium varietāte in scaenā vīsā disserēbāmus, paterque dīxit absurdum esse. hās omnēs ferās, ē regiōne quamque sibi idōneā, Rōmam comportāre. 'Mox et alcem' inquit 'arcessent', et mihi negantī mē scīre quāle animal esset alcēs, 'Hārum est cōnsimilis caprīs figūra' dīxit, 'et varietās pellium, sed magnitūdine paulō antecēdunt mutilaeque sunt cornibus, et crūra sine nōdīs articulīsque habent, neque quiētis causā prōcumbunt, neque, sī quō afflīctae cāsū concidērunt, ērigere sēsē aut sublevāre possunt. Hīs sunt arborēs prō cubīlibus; ad eās sē applicant atque ita paulum modo reclīnātae quiētem capiunt. Quārum ex vēstīgiīs cum est animadversum ā vēnātōribus, quō sē recipere cōnsuērint, omnēs eō locō aut rādīcibus subruunt, aut accīdunt arborēs, tantum ut summa speciēs eārum stantium relinquātur.

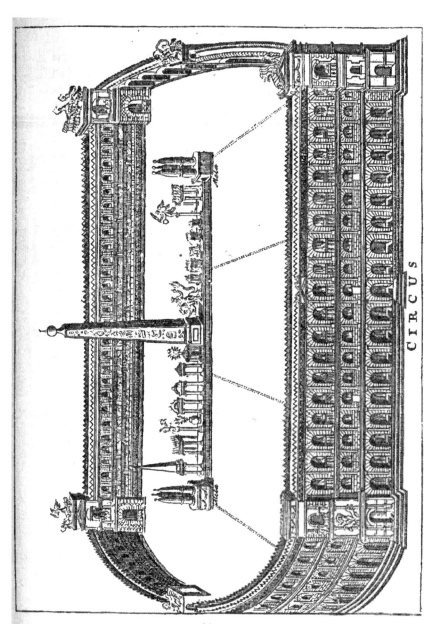

Hūc cum sē cōnsuētūdine suā reclīnāvērunt īnfīrmās arborēs pondere afflīgunt atque ūnā ipsae concidunt. Quō modō quippe quae surgere nōn possint facile ā vēnātōribus capiuntur.' Haec dum fābula nārrātur celeriter domum pervēnimus, ubi ego quidem tot rēbus vīsīs defatīgātus cubitum sine morā abiī, et dum in lectō crūra quasi in circulum, fēlis īnstar, colligō, dīs grātiās ēgī quod nōn nātus eram alcēs.

### Circus Māximus.

Posterō diē ut lūdōrum spectācula vidērem ad Circum Māximum mē contulī. Per tōtum hunc circum longa spīna, ut mūrus, quattuor pedēs alta, medium dīvidit spatium ; apud utrumque fīnem stat mēta prope quam aurīgae currūs vertere solent. Īmmō vērō optimus quis-que aurīga semper cōnātur currum quam proximē regere et mētam modo nōn rotīs suīs rādere, namque ut Horātius dīcit :—

Sunt quōs curriculō pulverem Olympicum
collēgisse iuvat, mētaque fervidīs
ēvītāta rotīs palmaque nōbilis
terrārum dominōs ēvehit ad deōs.

Prīmum certāmen erat quadrīgārum. Simul atque cōnsul, mappā ad terram iactā, sīgnum dedit ē car-ceribus ērūpērunt quadrīgae et sēsē in stadium effūdē-runt ; tōtum stadium strepitū curruum crepitantium complēbātur ; pulvis in altum glomerābātur ; ūnā omnēs inter sē commīxtī stimulīs nōn parcēbant, ut alter alterius rotās frementēsque equōs superāret. Nam cōn-fertī equī aliī aliōrum aurīgārum in terga rotāsque curruum spūmam fervidōsque fundunt flātūs. Specta-tōrēs aliī aliās factiōnēs strepitū clāmōribusque faventium incitant ; nunc prasina, nunc russāta priōrem occupat locum ; sed cēdit albātae et haec vēnetae. Ego quidem albātae favēbam factiōnī, diūque prīmus currēbat aurīga meus. Sub ultimam mētam iam currum agēns (septiēns enim tōtum ēmētiuntur stadium) propius propiusque admovēbat rotam fūnālīque ad dextram equō habēnās laxābat, sinistrum cohibēbat. Et hāc quidem tenus rēctī omnēs stetērunt currūs ; deinde vērō prasinae factiōnis contumācēs equī currum vī auferunt, et ex adversō, cum sextus iam septimusque cōnficerētur cursus, frontēs caeruleīs impingunt quadrīgīs ; unde ūnō ex malō alius alium cōnfringit et incidit. Tōtus iam cursus curruum naufragiīs replētus est. Quod ubi cōnspexit russātus aurīga, extrā orbitam dēflectit, et frēna inhibet, dum praetervehātur aliōs. Intereā albātus ille, cuī ego favē-bam, postrēmus omnium ultimō locō equōs agēbat, nam-que in fīne certam spem victōriae pōnēbat ; quī simul āc vīdit russātum illum sōlum relictum, vēlōcium equōrum auribus acūtum flagellī sonum incutiēns, īnsequitur ; et aequātīs iugīs ambo ferēbantur ; modo hic, modo ille equōrum capitibus alterius quadrīgam superābat. Et reliquōs quidem omnēs cursūs īnfēlix ille albātus rēctō currū exēgerat ; deinde dum habēnas flectentī sini-strōrsum equō remīttit, imprūdēns in mētam impingit, frāctīsque rotīs ē currū volvitur implicāturque lōrīs ; illō autem in terram prōlāpsō, dissipātī sunt equī medium per stadium, russātusque ille palmam tulit. Fautōrēs tamen albātae factiōnis ut vīdērunt illum currū excussum modo rapī per terram, modo caelum versus crūra prō-tendere, clārīs lāmentīs adolēscentis vicem dēplōrāvērunt, dōnec cēterī aurīgae, vix tandem equōrum cursū cohibitō, solvērunt eum cruōre adeō foedātum ut amīcōrum nēmo corpus āgnōsceret.

## Leō in arēnā.

Post hōc quadrīgārum certāmen vēnātiōnem, ut appellātur, vīdī. Quō in certāmine hominēs, nōmine bēstiāriī, contrā ferās cūiusvīs generis pūgnant. Māgna multitūdō, varietāsque mīrābilis omnium ferārum undique collēcta in arēnam immīttitur. Sed praeter alia omnia leōnum immānitās mihi admīrātiōnī fuit, ūnīus praesertim. Is ūnus leō corporis impetū et rōbore, terrificōque fremitū et sonōrō, torīs comīsque cervīcum flūctuantibus animōs oculōsque omnium in sē convertit. Intrōdūctus erat inter complūrēs cēterōs, ad pūgnam bēstiārum datus, servus virī cōnsulāris. Eī servō Androclus nōmen fuit. Hunc ille leō, ubi vīdit procul, repente, quasi admīrāns, stetit; āc deinde sēnsim atque placidē ad hominem accēdit; tum caudam mōre atque rītū adulantium canum clēmenter et blandē movet, hominisque sēsē corporī adiūngit, crūraque ēius et manūs metū iam paene exanimātī, linguā lēniter dēmulcet. Homo Androclus inter illa tam atrōcis ferae blandīmenta āmīssum animum recēperat; paulātim oculōs ad contuendum leōnem refert; tum, quasi mūtuā recōgnitiōne factā, laetōs et grātulābundōs vidērēs hominem et leōnem. Haec tam mīra rēs māximōs populī clāmōrēs excitāvit; nec nōn Caesar Androclum arcessītum rogāvit quam ob rem ille atrōcissimus leōnum ūnī pepercisset. Deinde Androclus rem mīrificam nārrāvit atque admīrandam. ‘Cum prōvinciam’ inquit ‘Āfricam prōcōnsulārī imperiō dominus meus obtinēret, ego ibi inīquīs ēius et cottīdiānīs verberibus ad fugam sum coāctus; et, ut mihi ā dominō, terrae illīus praeside, tūtiōrēs latebrae forent, in campōrum et arēnārum sōlitūdinēs concessī; āc, sī dēfuisset cibus, cōnsilium fuit mortem aliquō pāctō quaerere.

Tum sōle mediō rapidō et flagrante spēluncam quandam nactus remōtam latebrōsamque, in eam penetrō et mē recondō, neque multō post ad eandem spēluncam vēnit hic leō, dēbilī ūnō et cruentō pede, gemitūs ēdēns et murmura dolōrem cruciātumque volneris commiserantia ; et prīmō quidem cōnspectū advenientis leōnis, summō terrōre affectus sum ; sed postquam leō spēluncam intrōgrēssus vīdit mē procul latentem, mītis et mānsuētus accessit ; sublātum pedem ostendit āc porrēxit, quasi opis petendae grātiā ; ibi stirpem ingentem pedī ēius haerentem revellī, conceptamque saniem volnere intimō expressī, accūrātiusque, sine māgnā iam formīdine, siccāvī penitus atque dētersī cruōrem. Ille tunc meā operā levātus, pede manibus meīs impositō, recubuit et quiēvit ; atque, ex eō diē, triennium tōtum ego et leō in eādem spēluncā eōdemque vīctū vīximus. Nam, quās vēnābātur ferās, membra opīmiōra ad spēluncam mihi suggerēbat ; quae ego quippe quī ignis cōpiam nōn habērem, sōle merīdiānō tosta edēbam. Sed ubi mē vītae illīus ferīnae iam pertaesum est, leōne vēnātum profectō, spēluncam relīquī. Nōn ita multō post ā mīlitibus vīsus apprehēnsus sum et ad dominum ex Āfricā Rōmam dēdūctus. Is mē statim reī capitālis damnandum ad bēstiāsque dandum cūrāvit. Intellegō autem hunc quoque leōnem captum grātiās mihi nunc etiam beneficiī referre.' Quae cum ita nārrāvisset Androclus, cūnctīs petentibus, dīmīssus est et poenā solūtus, leōque eī suffrāgiīs populī dōnātus. Equidem vērō posteā vidēbam Androclum et leōnem lōrō tenuī revīnctum urbe tōtā circum tabernās īre ; dōnārī aere Androclum, flōribus spargī leōnem ; omnēs ferē ubīque obviōs dīcere 'Hic est leō hospes hominis ; hic est homo medicus leōnis'.

## Pugilēs.

Deinde currentium, saltantium, luctātiōnis, pugilum, discōs iaciendī certāmina erant. Pugilēs modo, dentifrangibulōs hominēs, dēscrībam. Quam lātōs umerōs, quantōs habēbant lacertōs! Prīmus in arēnam Entellus prōcessit atque in medium duōs caestūs magnī ponderis prōiēcit; obstupuērunt spectātōrēs, tantō rigēscēbant plumbō et ferrō īnsūtō. Alter tamen pugil, nōmine Darēs, haudquāquam vidēbātur timēre. Ambo statim magnōs artūs, magna ossa, lacertōsque nūdābant; ingentēs mediā in arēnā cōnsistēbant. Ut nōlim tālibus obviam īre noctū, vel in vīcō tenebricōsō et dēsertō! Servī paribus caestibus utriusque manūs alligāvērunt; statim uterque in articulōs pedum stetit ērēctus, et intrepidus ērēxit bracchia in altum; iamque ab ictibus alta capita retrō āvertunt; crēberrima inter sē verbera dant, Darēs fortior agilitāte pedum et iuventūte dēfēnsus, Entellus magnitūdine membrōrum rōbustus, sed genua pigra vacillant trementī, et difficilis anhēlitus vasta membra agitat; cavīs lateribus multōs ingerunt ictūs; ē pectore magnōs ēdunt sonitūs; nec nōn mālae sub gravibus ictibus crepitant. Entellus cōnsistit gravis et immōtus eōdem in statū, tantummodo ēlūdit ictūs corpore et oculīs vigilantibus. Alter dolōsē nunc hōs, nunc illōs tentat aditūs, frustrāque variō impetū premit. Entellus īnsurgēns ostendit dextram et altē tollit, alter celer praevidet ictum, et levī corpore ēlāpsus effugit. Entellus in aurās effundit impetum et ipse gravis et graviter magnō pondere in terram prōcumbit. Dīversīs studiīs spectātōrēs omnēs surgunt, aliī cachinnōs, aliī misericordiae clāmōrēs tollunt; strepitus ad caelum mīttitur.

*Photo Alinari.*

Sed Entellus, tantō cāsū neque tardātus neque territus surgit ardentiorque ad pūgnam redit; īra vim addit et fortitūdō sibi cōnscia vīrēs inflammat; tōtō campō currentem Darēta urget, nunc dextrā, nunc sinistrā ictūs dat. Neque mora, neque requiēs erat; sed quam dēnsā grandine nimbī super tēcta crepitant, tam dēnsīs ictibus Entellus utrāque manū frequēns verberat Darēta agitatque. Tum dēmum, fīne certāminis indictō, servī quīdam Darēta subdūxērunt dēfatīgātum, genua īnfīrma trahentem, utrimque moventem caput, sanguinem spissum āc dentēs cum sanguine mīxtōs ex ōre exspuentem Dentilegum scīlicet eum fēcerat Entellus. Caput etiam tumōre māgnō tumēbat, quem sī Zōpyrus ille physiōgnōmōn vīdisset omnium sapientissimum hominum esse dīxisset.

### Gladiātōrēs.

'At tuba terribilī sonitū taratantara dīxit' et gladiātōrēs intrāvērunt. Ad imperātōrem versī 'Moritūrī tē salūtant' clāmāvērunt et statim ācriter pūgnātur. Aliī rētiāriī, mirmillōnēs aliī vocantur; hī enim in galeīs piscis effigiem gerunt, illī rēte et fuscinam (vel tridentem) habent. Rētiārius quīdam rētī suō mirmillōnem implicāre cōnābātur et fugientī illī 'Nōn tē' clāmāvit 'petō, piscem petō; quid mē fugis, Galle? Piscārī volō'. Quō audītō omnēs facētiās hominis laudāvēre; at ille rētī iactō mirmillōnem implicāvit—'Habet, habet', clāmāvērunt omnēs, et ille victor ad imperātōrem versus sīgnum exspectābat. Imperātor quippe quī intellegeret spectātōrēs rētiāriō favēre, pollicem vertit et sīgnum mortis dedit (sīgnum parcendī pollice pressō datur). Interfectum mirmillōnem servī ex arēnā uncō traxērunt. Neque plūs vidēre poteram sed patrem statim ōrāvī ut mē a tam saevō spectāculō abdūceret. Domum igitur rediimus.

## Dē puerīs in Senātū.

Saepenumerō cum patre volēbam ad senātum īre, sed mihi ōlim plūs solitō flāgitantī ut mē sēcum dūceret, pater 'Nōn iam' respondit 'licet puerīs senātum intrāre'. Deinde mihi causam rogantī haec exposuit: 'Anteā' inquit 'mōs senātōribus Romae fuit in cūriam cum praetextātīs fīliīs introīre. Cum in senātū rēs māior quaepiam cōnsultāta atque in diem posterum prōlāta est, placuitque nē quis hanc rem ēnūntiāret, super quā tractāvissent, priusquam dēcreta esset, māter Papīrī puerī, quī cum parente suō in cūriā fuerat, fīlium percūnctāta est quidnam in senātū patrēs ēgissent. Puer respondit tacendum esse, neque id dīcī licēre; mulier fit audiendī cupidior; sēcrētum reī et silentium dēbērī puer affirmāns animum ēius ad inquīrendum excitat; quaerit igitur magis violentiusque. Tum puer, mātre urgente, lepidī atque festīvī mendāciī cōnsilium init. Āctum in senātū dīxit, utrum hōrum vidērētur ūtilius magisque ē rēpūblicā esse, ūnusne ut duās uxōrēs habēret, an ut ūna apud duōs nūpta esset. Hoc illa ut audīvit, animō compavēscit; domō trepidāns ēgreditur; ad cēterās mātrōnās dēfert quod audierat; posterō diē perveniunt ad senātum; lacrimantēs atque obsecrantēs incipiunt ōrāre ūna potius ut duōbus nūpta fieret, quam ut ūnī duae. Senātōrēs ingredientēs in cūriam quae illa mulierum intemperiēs et quid sibi postulātiō ista vellet, mīrābantur. Puer Papīrius in medium cūriae prōgressus, quid māter rogāvisset, quid ipse mātrī dīxisset et tōtam rem nārrāvit. Senātus fidem atque ingenium puerī laudat, cōnsultum facit posthāc puerī cum patribus in cūriam nē introeant, nisi ille ūnus

Rētiārius.

Papīrius ; eīque puerō posteā cōgnōmen honōris causā inditum est " Praetextātus " ob loquendī tacendīque in aetāte praetextātā prūdentiam.'

### Lūcius patrī suō salūtem dat.

Septem abhinc diēbus, pater cārissime, Athēnās pervēnī, mare Brundisiō trānsvectus cursū quam celerrimō ; ventī enim semper erant secundī. Quibus cōgnitīs sciō et tē et mātrem vehementer esse gāvīsūrōs. Mare enim perīculīs plēnum. In cursū voluptāte māximā affectus sum, dum sōlem spectō clārissimum, undās caeruleās, urbēs interdum Graecās in ōrā maritimā sitās. Nāvigāvī igitur sine timōre nauseāve. Apud Pīraeum expositus Athēnās pedibus iter fēcī, quod cum facerem obvius fuī patruō meō, quī domum suam mē dēdūxit. Amita mea valet, valent et cōnsobrīnī. Quī omnēs mihi placent, et studiīs perfectīs cum eīs cottīdiē lūdō. Urbs ipsa, mī pater, quam pulchra est ! Quālēs erant Graecī illī, quī tot templa, tot statuās tantā arte fēcērunt ! Rōmae Graecōs ōderam ; nunc Athēnīs admīror, et ingenia illa māgna, Homērum, Aeschylum, Sophoclem, Thūcydidem, melius intellegō. Rōmae enim dēteriōrēs videntur Graecī, ideō, ut opīnor, quod plērīque sunt servī, mercēnāriī omnēs. Grātiās tibi, pater, agō quam māximās, quod mihi permīsistī ut Athēnīs artem ōrātōriam discerem. Studiīs mē penitus dēdam, ut linguam Graecam quam celerrimē ēdoctus sim.

Nunc sentiō eadem quae sēnsit Propertius :—

> Illīc vel studiīs animum ēmendāre Platōnis
> incipiam aut hortīs, docte Epicūre, tuīs ;
> persequar aut studium linguae, Dēmosthenis arma,
> librōrumque tuōs, docte Menandre, salēs ;

> aut certē tabulae capient mea lūmina pictae,
>    sīve ebore exāctae, seu magis aere, manūs.

Cūrā, pater cārissime, ut valeās.  Valē.

### Fīnis.

Fīnis adest nārrātiōnis hūius, adest quoque fīnis pueri-
tiae.  Nunc autem vōs omnēs, quī hunc librum reci-
tātis, iubeō valēre.  Ut enim vōbīs discenda est lingua
Latīna, ita mihi, quī iam sum adulēscēns, nōn puer,
Athēnīs est discenda ars ōrātōria.  Valēte omnēs. et
bonī este discipulī.

# EXERCITĀTIŌNĒS

**Ego et vīta mea.**

## A (1)

Verte in ōrātiōnem oblīquam, accēdente idōneō verbō prīncipālī:—

1. Pater meus appellātur Sextus Cornēlius Polliō.
2. Ego appellor Lūcius.
3. Nunc dē mātre dīcam.
4. Frātrī praenōmen est Gāius.
5. Ē lectulō surrēxī.
6. Māter patrem salvēre iūssit.
7. Sorōrēs patrem salvēre iūssērunt.
8. Puerī nōn lūdent in lūdō.
9. Post lūdum domum redeō.
10. Sorōrēs ad lūdum mox ībunt.

## B

1. Dē quibus rēbus nārrātūrus est Lūcius?
2. Quid scīs dē ipsō Lūciō?
3. Quōmodo appellantur pater, māter, frāter, sorōrēs?
4. Quid facit Lūcius cottīdiē?
5. Quid accidit in lūdō?
6. Quī erant Horātius, Vergilius, Terentius?
7. Quid faciunt puerī quotiēns ē lūdō exeunt?
8. Quot annōs nātus est Lūcius?
9. Quem salvēre iubet Lūcius?
10. Quid accidit cum puerī in lūdō lūdunt?

## C

1. Cūius gentis est Lūcius?
2. Quōmodo patrem Lūcī appellābat māter?
3. Estne māior gente familia?
4. Quis poenās dat?
5. Quis poenās sūmit?
6. Quot genera sunt lūdōrum?
7. Quō aliō modō appellātur alter lūdus?
8. Quid est praenōmen tibi?
9. Quid est tibi nōmen?
10. Num habēs cōgnōmen?

### A (2)

Redde ipsa verba dīcentis (vel dīcentium):—

1. Dīcō mē Rōmānum esse puerum.
2. Sciō tē īgnōrāre.
3. Intellegis mē nārrātūrum esse dē omnī meā vītā.
4. Crēdō sorōrēs mox ad lūdum itūrās esse.
5. Sorōrēs salvēre iubeō.
6. Negō licēre nōbīs in lūdō lūdere.
7. Dīcō magistrum poenās ā nōbīs herī sūmpsisse.
8. Putō nōs poenās crās datūrōs esse.
9. Manifestum est nōs nōn satis didicisse.
10. Magister dīcit puerōs esse stultōs.

### A (3)

Verte in interrogātiōnem (vel exclāmātiōnem) oblīquam cum verbō praesentis temporis regente:—

1. Quam sevērus est magister!
2. Dē quibus rēbus dīcam?
3. Quālis sum puer?
4. Quot annōs nātus sum?

5. Frequentāsne[1] lūdum ?
6. Vīdistīne librōs meōs ?
7. Utrum Horātium an Vergilium māvīs ?
8. Frēgistīne hanc fenestram annōn[2] ?
9. Quis recitātūrus est ?
10. Didicitne pēnsum suum annōn ?

## A (4)

Verte eāsdem sententiās cum verbō temporis perfectī regente.

## A (5)

Verte in interrogātiōnem rēctam :—

1. Rogāvit mē quotā hōrā ē lectulō surrēxissem.
2. Sciō quot sorōrēs habeās.
3. Dīxī eī quid in lūdō facerēmus.
4. Nescit quis hoc fēcerit.
5. Certiōrem eum fēcī quando abitūrus essem.
6. Certiōrēs nōs faciunt quis adventūrus sit.
7. Certior fīō quālis fuerit Vergilius.
8. Certiōrēs factī sunt quot annōs nātus essem.
9. Rogāvērunt mē num fēlix essem.
10. Rogat nōs utrum lūdum frequentēmus necne.

## B (2)

1. Cūr est pater Lūcī Brundisīnus ?
2. Cūr summō est honōre apud cīvēs Brundisīnōs ?
3. Quid et ubi est Brundisium ?
4. Ubi est domus nostra ?
5. Per quid domum intrās ?
6. Quis est iānitor ?
7. Iānuā apertā quō īmus ?
8. Quid est ātrium ?

[1] ' *ne* ' in interrogātiōne oblīquā fit ' *num* '.
[2] ' *annōn* ' in interrogātiōne oblīquā fit ' *necne* '.

9. Quid mediō est in ātriō ?

10. Ubi cēnāmus?

## B (3)

Scrībe quidquid didicistī dē domō Rōmānā.

## C (2)

1. Quid facit magistrātus ?
2. Quid est oriēns ?   Cūr ita nōminātur ?
3. Quid est occidēns ?   Cūr ita nōminātur ?
4. Quid est merīdiēs ?   Cūr ita nōminātur ?
5. Quid est septentriō ?   Cūr ita nōminātur ?
6. Cūr ita nōminātur impluvium ?
7. Quid est compluvium ?
8. Quid sīgnificat vocābulum *Larēs* ?
9. Quid est tablīnum ?
10. Quid est peristȳlium ?

## A (6)

1. Cūr intrāmus triclīnium ?
2. Cūr sedēbat iānitor in cellā ?
3. Cūr super impluvium erat nūllum tēctum ?
4. Cūr lūdum frequentās ?
5. Cūr iānuam pultāmus ?
6. Cūr habēbant Rōmānī impluvium in ātriō ?
7. Cūr ante portās cellārum dormiunt servī ?
8. Cūr in lūdō numquam lūdō ?
9. Cūr edimus ?
10. Cūr discimus ?

## A (7)

Rescrībe hās sententiās in tempore perfectō vel imperfectō :—

1. Tēctum est super domum nē pluviae in nōs cadant
2. In lūdō taceō nē magister poenās sūmat.

3. Magister puerum mittit qui sellam quaerat.

4. Magister nōs docet quō sapientiōrēs fiāmus.

5. Intrō tablīnum ut patrem inveniam.

6. In peristȳliō lateō nē quis mē invenīre possit.

7. Simulō mē intellegere nē magister stultum mē esse putet.

8. Cibum capiō nē frāter edat.

9. Ē lectulō surgō nē sērus ad lūdum eam.

10. Librō inhiō quō dīligentiōrem mē esse putet magister.

### A (8)

Rescrībe hās sententiās in tempore praesentī : —

1. Amīcus advēnit ut apud nōs cēnāret.

2. Ante lūcem surrēxī ut sōlem orientem vidērem.

3. Ientāculum ēdī nē iēiūnus fierem.

4. Manūs lāvī nē sordidae essent.

5. Corpus exercēbāmus nē pinguēs essēmus.

6. Ad lectulōs īvērunt ut dormīrent.

7. Pater tablīnum intrāvit ut epistulam scrīberet.

8. Prīvātum habēbat conclāve nē nōs molestī eī essēmus.

9. Māter mīsit servum quī ātrium purgāret.

10. Magister mē laudāvit quō magis discere cuperem.

### Lūdus.

### B

1. Quid est lūdus litterārius ?

2. Quālēs aliī sunt lūdī ?

3. Quid gerimus cum lūdum frequentāmus ?

4. Quis nōs comitātur ?

5. Quid extrā lūdum fēcit scelerātus ille puer ?

6. Quid nōs facere iūssit magister ?

7. Cūr ego tacēbam ?

8. Cūr appellāvit Horātius magistrum suum 'plāgōsum' ?

9. Ubi stant capsae? quid continent?
10. Quālēs scrīptōrēs recitāmus in lūdō?

## C

1. Quālis est paedagōgus?
2. Quālis sella est cathedra?
3. Quālis tabula est tabula cērāta?
4. Quālis homo ratiōnēs dūcit?
5. Quid docet grammaticus?
6. Quid docet rhētor?
7. Quālis scrīptor versiculōs scrībit?
8. Quālis scrīptor historiās scrībit?
9. Quae pars corporis est umerus?
10. Quid est virga?

### Dē mīlite fortissimō sed īgnōtō.

#### B (1)

1. Quis prior locōs idōneōs occupat? Quando?
2. Quālem ad locum pergunt Rōmānī?
3. Quid ostendit tribūnus?
4. Quis dūcit quadringentōs?
5. Num periit tribūnus?
6. Scīsne nōmen tribūnī?
7. Quid cōnsulī dīxit tribūnus? Verte per ōrātiōnem oblīquam.
8. Quōmodo mortem effūgērunt Rōmānī?
9. Quāle monumentum habet tribūnus?

#### C (1)

1. Quid sīgnificat *tribūnus*?
2. Aliter exprime *sīgnum*.

76

## Cēna.

### B (2)

1. Quando adveniunt vocātī?
2. Quī dēdūcunt eōs?
3. Quō dēdūcunt?
4. Quibus parantur cēnae?
5. Quid prōmīsit pater?
6. Quō cōnsiliō posteā adfuī?
7. Ēnumerā fercula.
8. Quando secundae appōnuntur mēnsae?
9. Quō animō servum sequor?
10. Quid vīdī triclīnium ingrēssus?

### B (3)

1. Quō ōrdine dispositī sunt lectī?
2. Salūtātīs convīvīs quid faciō?
3. Cūius carmen dēclāmō?
4. Quantō opere amābat passerem Lesbia?
5. Quid faciēbat passer?
6. Quō abiit passer?
7. Cūr rubent puellae oculī?
8. Quōmodo carmen dēclāmāvī?
9. Cūius carmen posteā recitō?
10. Quis erat Issa?

### B (4)

1. Quālis erat Issa?
2. Quid putābis sī queritur Issa?
3. Quō cōnsiliō pictā tabellā Pūblius Issam exprimit?
4. Quid rogant convīvae?
5. Quāle praemium accipiō?
6. Expōne quō ōrdine edenda appōnantur.
7. Dēscrībe triclīnium et lectōs.

8. Dēscrībe Lesbiae passerem.

9. Quōmodo cōgnōscere possumus Issae similem esse tabellam ?

## C (2)

1. Quid facere solēmus in triclīniō ?   Quid in ātriō ?
2. Cūr secundae mēnsae ita appellantur ?
3. Quis erat Orcus ?
4. Quid sīgnificat *catella* ?

## Iter.

### B (1)

1. Brundisiō relictō ubi habitāmus ?
2. Quid dīcit Horātius dē eīs quī iter faciunt ?
3. Cūr Rōmam profectī sumus ?
4. Quōmodo portāvimus impedīmenta ?
5. Quantum dīstat Brundisium Rōmā ?
6. Quō dēvertēbāmus sub noctem ?
7. Quālis erat prīma pars itineris nostrī ?
8. Quid igitur nōbīs accidit ?
9. Quālis est pānis Canusiī ?
10. Quid pretiō vēnit eō in oppidō cūius nōmen memoriā excidit ?

### B (2)

1. Quid ego hīc fēcī ?
2. Quid fēcērunt pater et māter ?
3. Cūr ita nōminātur Beneventum ?
4. Quid hīc fēcit hospes ?
5. Quid attulērunt servī ad flammās exstinguendās ?
6. Quōmodo ego et frāter Capuae lūsimus ?
7. Quōmodo accidit ut sanguis ē nāsō meō efflūxerit ?
8. Dē quō nārrābat pater in itinere ?
9. Quōmodo rem pūblicam restituit Fabius Māximus ?
10. Dēscrībe lūsum quem digitīs micantēs lūdimus.

## À (1)

Scrībe persōnāliter :—

1. Turbātur per domum.
2. Clāmātur.
3. Ululātur.
4. Concursum est ad dēversōrium.
5. Pūgnātum est ācriter.

Scrībe aliter :—

6. Servī aquam attulērunt ad flammās exstinguendās.
7. Lūsum eō.
8. Pater et māter dormītum iērunt.
9. Cubitum ībimus.
10. Impedīmenta colligimus ad iter faciendum.

## A (2)

Rescrībe hās sententiās cum cōniūnctiōne 'cum' in locō vocābulī 'quia' :—

1. Tablīnum intrāvī quia patrem invenīre volēbam.
2. Togam praetextam gerēbat quia speciem praetōris prae sē ferre volēbat.
3. Discessimus quia satis ēderāmus.
4. Tacuī quia magistrum vīderam.
5. Ad dēversōrium dēvertimus quia itineris nōs taedēbat.
6. In lūdō hiābam quia nōn satis dormieram.
7. Quia fessus eram mātrem ōrāvī ut mihi cubitum īre licēret.
8. Abiī quam celerrimē quia māter mihi veniam dederat.
9. Magistrum timēbam quia librum meum āmīseram.
10. Tabernam petiit quia iēiūnus erat.

## B (3)

1. Quis Fundīs nōs excēpit ?
2. Quālis erat hīc praefectus ?

79

3. Quid māter nōbīs nārrābat dum Fundīs discēdimus?
4. Cūr iūssit Iūppiter omnēs avēs convenīre?
5. Quālem creātūrus erat rēgem?
6. Quid igitur fēcit grāculus?
7. Quālem speciem prae sē ferēbat?
8. Quid factūrus erat Iūppiter?
9. Quid fēcērunt cēterae avēs?
10. Et quid grāculō accidit?

## C (1)

1. Quid sīgnificat vocābulum *clītellae*?
2. Cūr ita nōminātur dēversōrium?
3. Quid est culma?
4. Quā in rē vehimur in itinere?
5. Cūr ita nōminātus est Q. Fabius Māximus Cūnctātor?
6. Quid facit praetor?
7. Quālī habitū amicītur?
8. Cūr favendum est linguīs apud sacrificium?
9. Quid est conventus hominum?
10. Quid facit caupō?

## Iūppiter rēgem avium creāre voluit.

### A (3)

Hīs in sententiīs īnsere verbum omīssum :—
1. Accidit ut Iūppiter rēgem avium creāre . . .
2. In eō erat ut Iūppiter rēgem avium . . .
3. Nūllō modō fierī potest ut Iūppiter rēgem avium . . .
4. Iūppiter nōn efficere potuit ut rēgem avium . . .
5. Quōmodo fīēbat ut Iūppiter rēgem avium . . . ?
6. Avium interest ut Iūppiter rēgem avium . . .
7. Restat ut Iūppiter rēgem avium . . .
8. Accidit ut Iūppiter grāculum rēgem factūrus . . .

9. Nūllō modō fierī poterat ut Iūppiter grāculum rēgem . . .

10. Accidit ut cēterae avēs propriam singulae plūmam grāculō . . .

## B (4)

1. Fābula dē grāculō nārrātā, quid rogāvit frāter meus?
2. Quid deinde ego rogāvī ?
3. Quid māter respondit ?
4. Quid dēmōnstrāvit fābula ?
5. Cūr ego et frāter fābulam reprehendimus ?
6. Quāle oppidum erat Ānxur ?
7. Quōmodo inde iter fēcimus ?
8. Cūr dormīre nōn poterāmùs ?
9. Quid māne experrēctī sēnsimus ?
10. Quid igitur fēcit pater ?

## A (4)

Cōniunge in ūnum hās bīnās sententiās additō prōnōmina relātīvō :—

1. Praemium tibi dabō ; putō tē esse praemiō dīgnum.

2. Iūppiter grāculum avium rēgem factūrus erat ; putābat eum dīgnissimum esse.

3. Magister reprehendit puerum ; putāvit eum nōn attentō esse animō.

4. Mendīcō cibum dedī ; putāvī eum ēsurīre.

5. Praefectum irrīdēbāmus ; putābāmus eum esse glōriōsum.

6. Magistrum timēmus ; putāmus eum esse īrācundum.

7. Magister mē laudat ; putat mē bene fēcisse pēnsum meum.

8. Magister mē laudāvit; putāvit mē bene fēcisse pēnsum meum.

9. Magister īrascēbātur; putābat discipulōs lūdere.

10. Magister ā frātre meō poenās sūmit; putat eum esse īgnāvum.

## A (5)

Fenestra mihi aperienda est.

*vel* Oportet mē aperīre fenestram.

Omnibus est dēscendendum.

*vel* Oportet omnēs dēscendere.

Scrībe aliter :—

1. Iānua mihi claudenda est.
2. In lūdō nōbīs est discendum, nōn lūdendum.
3. Iter nōbīs faciendum erat.
4. Rōmānīs puerīs prīmā lūce ad lūdum eundum erat.
5. Oportet mē clārā vōce loquī.
6. Oportet tē pēnsum tuum facere.
7. Oportuit nōs tacēre.
8. Oportuit eōs pecūniam solvere.
9. Festīnandum erat omnibus.
10. Hic liber omnibus puerīs est recitandus.

## B (5)

1. Estne Rōma similis Brundisiō?
2. Ad portam Capēnam quid oportuit omnēs facere?
3. Quando per viās urbis licet equīs vehī?
4. Cūr nōbīs tamen diē licuit?
5. Ubi vīllam habēbat patris meī amīcus?
6. Cūr in hortōs cēnātī exiimus?
7. Quālia dīxit Mārtiālis pauca sua iūgera esse?
8. Quid vidēre potuimus ex hōc locō?
9. Cūr in tacente essedō vehitur gestātor Flāminiae?
10. Cūr cupiēbāmus ōtiō nostrō fruī?

## C (2)

1. Quōmodo sunt culicēs nōbīs incommodō ?
2. Quālis est homo vīnō madidus ?
3. Cūr stertunt nōnnūllī hominēs dum dormiunt ?
4. Quid fert quercus ?
5. Quālibus vehiculīs ūtimur in itinere faciendō ?
6. Quid faciunt helciāriī?
7. Quālis est hospes cōmis ?
8. Quando ōtium agimus?
9. Quando negōtium agimus ?
10. Quid propriē sīgnificat *carīna* ?

## Rōma.

### B (1)

1. Ubi situm est forum Rōmānum ?
2. Ubi est Iāniculum ?
3. Quid est in forō ?
4. Cūr in lacum dēsiluit Curtius ?
5. Cūr vehuntur ducēs per Viam Sacram in Capitōlium?
6. Ubi aguntur cursūs equōrum ?
7. Ubi nōs lavāmus?
8. Quō in locō pūgnant gladiātōrēs ?
9. Cūr ita nōminātur forum boārium ?
10. Ubi spectāmus lūdōs scaēnicōs?

### A

Scrībe cum tempore perfectō verbī prīncipālis :—
1. Vereor nē taedeat tē Rōmae.
2. Timeō nē fessus sīs.
3. Nōs discipulī verēmur nē magister īrascātur.
4. Timent nē gladiātōrēs sē laedant.
5. Timet nē in balneīs summergātur.

Scrībe cum tempore praesentī :—

6. Timēbāmus ut possēmus emere holera.

7. Timēbam nē ōrātiōnem habēret.

8. Verēbar nē in colle ascendendō lāberētur rēda.

9. Verēbāmur ut possēmus rānam in palūde invenīre.

10. Veritī sunt omnēs nē multitūdō hominum lintrem dēmergeret.

### B (2)

1. Quid rogāvī eum quī rīdēbat dum ego titulum frontī domūs affīxum perlegō?

2. Quid mihi dīxit ille dē domō?

3. Quāle dīxit esse simulācrum?

4. Quid dīxī cum audiissem philosophum hanc domum condūxisse?

5. Quid postrīdiē putābam cum fūnus vidērem?

6. Cūr poposcit philosophus cērās, stilum, lūmen?

7. Quid audīvit mediā nocte?

8. Quid faciēbat effigiēs?

9. Postquam philosophus locum, quem dēmōnstrāverat effigiēs, effōdit, quid invēnit?

10. Quid deinde fēcit?

### C

1. Quid fit ex rostrīs?

2. Quid accidit in Basilicīs?

3. Quid faciunt negōtiātōrēs?

4. Ubi est Subūra? Quālēs hīc habitant?

5. Quid est forum holitōrium?

6. Quis locat domum?

7. Quid est contrārium verbī 'locō'?

8. Cūr prōscrībimus domōs?

9. Quid est nēnia?

10. Quando exsequiās īmus?

### Nocturna Lemūria.

#### B (1)

1. Cūr nōn putat pater et apud nōs esse mānēs?
2. Cūr celebrat Nocturna Lemūria?
3. Cūr ōrāvī mātrem ut ad mediam noctem mihi licēret pervigilāre?
4. Quid fēcit māter?
5. Quando surrēxit pater?
6. Cūr faciēbat sīgnum sacrum dum per domum ambulat?
7. Quōmodo faciēbat hoc sīgnum?
8. Quid deinde fēcit?
9. Quid dīcēbat dum fabās suprā umerum iacit?
10. Quid putant hominēs hīs fābīs accidere?

#### B (2)

Dēscrībe Nocturna Lemūria.

#### C

1. Cūr ita nōminātur mēnsis Māius?
2. Quid est digitus salūtāris?
3. Quōmodo appellantur cēterī digitī?
4. Cūr lūrida est umbra?
5. Quid propriē sīgnificat *fulcrum*?
6. Ad quid hominēs efferimus?
7. Quid est sāga?
8. Quō aliō modō appellantur lemurēs?
9. Quālis est claudus?
10. Quid est cyathus?

### Dē mānibus.

#### B

1. Cūr putat Propertius mānēs esse?
2. Quālis eī vidēbātur Cynthia?

85

3. Cūr nōnnumquam condiscipulī mē irrīdent?
4. Quālis erat patris amīcus quī rūrī habitābat?
5. Quis eum vesperī vīsit?
6. Cūr nōn poterat cyathum quaerere?
7. Quid rogāvit advena?
8. Quid respondit alter?
9. Quid deinde dīxit advena?
10. Quid praecipuē imperāvit eī ut faceret?

### Dē somniīs.

### B

1. Num omnia sunt somnia vēra?
2. Utrā ex portā vērae veniunt umbrae?
3. Quālis est porta altera?
4. Quid hāc exit?

### Somnium vērum.

1. Quid fēcērunt duo Arcades?
2. Quō dēvertērunt?
3. Quid deinde fēcērunt?
4. Cūr alter alterum ōrāvit ut sibi subvenīret?
5. Num alter alterī subvēnit?
6. Cūr recubuit?

### B (2)

1. Quid alter alterum ōrāvit ubi iterum cubiculum vīsus est intrāre?
2. Quid sibi accidisse nārrāvit?
3. Quid ex alterō petiit?
4. Quid māne fēcit alter?
5. Quid ē bubulcō quaesīvit?
6. Quid fēcit bubulcus?
7. Quid mortuō hominī accidit?
8. Quid deinde accidit?

9. Hāc nārrātā fābulā quid dīxit frāter meus?

10. Quōmodo potuit pater prōverbium frātrī meō expōnere?

### B (3)

Scrībe sine librō fābulam dē somniō vērō.

### Trium somniantium fābula facēta.

### B (1)

1. Cūr ad templum profectī sunt comitēs?
2. Quid eīs prōgredientibus accidit?
3. Quantam ad inopiam redāctī sunt?
4. Quāle cōnsilium iniērunt urbānī?
5. Cūr posuērunt pānem prope īgnem?
6. Quid deinde prōposuērunt?
7. Cūr ex īgnī pānem sēmicoctum extrāxit rūsticus?
8. Quid deinde fēcit?
9. Quid fēcit alter negōtiātor?
10. Quid alterī dīxit?

### B (2)

1. Quid respondit alter negōtiātor?
2. Quibus audītīs, quid fēcit rūsticus?
3. Cūr eum excitāvērunt urbānī?
4. Quid rogāvit rūsticus?
5. Quid respondērunt urbānī?
6. Quid deinde rogāvit rūsticus?
7. Quid respondērunt urbānī?
8. Deinde quid nārrāvit rūsticus?
9. Hāc audītā fābulā quid dīxit frāter meus?
10. Quālis est fābula?

### B (3)

Scrībe sine librō dē tribus somniantibus fābulam.

## C

1. Quid est viāticum ?
2. Quid est contrārium verbōrum *dēficere*? *inopia*?
3. Quālis est negōtiātor ?
4. Quālis fābula est fābula facēta ?
5. Quid est fār ?
6. Quālis puer praemium accipit ?
7. Quid interest inter Ēlysium atque Tartarum ?
8. Quid est dolus ?
9. Unde negant poētae quemquam redīre ?
10. Quis est redux ?

### Causae somniōrum.

#### B

1. Quid dē somniīs apud Tullium in lūdō recitābāmus?
2. Quibus audītīs quid ego fēcī ?
3. Quid respondit magister ?
4. Quid mihi faciendum dedit ?
5. Quid accidit vēnātōrī somniantī ?
6. Quid iūdicibus ?
7. Et aurīgae ?
8. Et poētae ?
9. Cōnsentitne magister poētae ?
10. Quid putāvit Lūcius dē magistrō suō ?

### Magister laqueō suō captus.

#### B

1. Quid causidicī videntur in somniīs agere ?
2. Quid imperātōrēs videntur in somniīs agere ?
3. Quid nautae videntur in somniīs agere ?
4. Quando saepenumerō discere taedet puerōs Rōmānōs ?

5. Quōmodo et discipulīs prōdest magistrī admīrātiō poētārum?

6. Quando ē lectulō puerō Rōmānō est surgendum?

7. Quid sēcum portābant puerī Rōmānī cum lūdum peterent?

8. Quā rē dēcolōrēs fīunt librī?

9. Quid Lūcius rogāvit magistrum māne lūdum intrantem?

10. Quid deinde fēcit Lūcius?

### C

1. Quid est mēta?
2. Quis est causidicus?
3. Quid est fūlīgō?
4. Quid facit calculātor?
5. Quid facit notārius?
6. Quae sunt scēptra paedagōgōrum?
7. Quando ardet Sīrius?
8. Quis erat Marsyas?
9. Quid accidit Idibus Octōbribus?
10. Quid sīgnificat prōverbium 'cornīcum oculōs cōnfīgere'?

### Colloquium cum patre.

### B (1)

1. Cūr iterum quaesīvī patrem meum?
2. Quid eum rogāvī?
3. Quid mē rogāvit pater?
4. Quid ego respondī?
5. Cūr nōn poterat pater dē somniīs loquī?
6. Quid prōmīsit pater sē factūrum esse?
7. Intereā quid fēcī?
8. Quid timēbat Suētōnius Tranquillus?

9. Quid ōrāvit patrem meum?

10. In somniīs interpretandīs quid māximē rēfert?

## B (2)

1. Quāle somnium percēpit pater meus?

2. Quālī in iūdiciō erat āctūrus?

3. Sed quōmodo cessit āctiō?

4. Quid est cautissimī cūiusque praeceptum?

5. Quid interest inter iūdicium centumvirāle atque iūdicium quod Suētōnius Tranquillus agēbat?

## C

1. Quid est tablīnum?

2. Quid continent forulī?

3. Cūr nōnnumquam petunt hominēs ut āctiō differātur?

4. Quōmodo appellātur socrūs marītus?

## B

1. Hāc epistulā recitātā, quid dīxī mē velle scīre?

2. Quā rē addūctus est pater ut crēderet esse phantasmata?

3. Quid accidit Curtiō Rūfō dum in porticū spatiātur?

4. Quid dīxit sē esse haec figūra?

5. Quid de Curtiō Rūfō dīxit?

6. Quid accidit eī dum ē nāve ēgreditur?

7. Cūr implicitus morbō omnem spem dēposuit?

### Māter mente turbāta irruit.

## B (1)

1. Quid rogāvit māter mea ubi patrem interpellāvit?

2. Quis erat Dāvus?

3. Cūr nōn facere potuit māter quīn Dāvō crēderet?

## B (2)

Nārrā quid Curtiō Rūfō acciderit.

## A

Verte in tempus perfectum :—

1. Nōn facere possum quīn eī crēdam.
2. Nēmo dubitat quīn dīligēns sim.
3. Nōn dubium est quīn īrācundus sit magister.
4. Magister nōn obstat nōbīs quīn lūsum eāmus.
5. Magister nōbīs obstat quōminus lūsum eāmus.

Et in tempus praesēns :—

6. Nōn facere potuit discipulus quīn rīdēret.
7. Nēmo dubitāvit quīn vēra nārrāret Dāvus.
8. Nōn dubium erat quīn glōriōsus esset praefectus.
9. Nēmo mē impedīvit quīn domum redīrem.
10. Quis mē impedīvit quōminus domum redīrem ?

## B (3)

1. Quid sibi vīsus est cernere Dāvus dum in lectulō iacet?
2. Quid effēcit ut somniō crēderet?
3. Prīmā lūce quid vīdit?
4. Quid mihi accidit cum haec audiissem ?
5. Cūr simulāvī mē summō terrōre esse affectum ?
6. Potesne expōnere quid rē vērā Dāvō acciderit ?

## Laqueō meō captus.

### B (1)

1. Quid mēcum reputābam dum in lectulō iaceō ?
2. Quid cōnstituī facere ?
3. Quid prōmīsit Mārcus sē factūrum esse ?
4. Quid imperāvit nōbīs circum sepulcrum saltantibus ?

### B (2)

Nārrā quid Dāvō acciderit.

## B (3)

Nārrā quōmodo cōnātī sīmus Mārcō persuādēre esse mānēs.

### Fābula dē Gabiēnō.

#### B

1. Quis erat Gabiēnus?
2. Quid eī accidit?
3. Cum advesperasceret quid fēcit?
4. Cūr Pompēium vidēre voluit?
5. Quid amīcīs Pompēiī nārrāvit Gabiēnus?

### Alia fābula inter cēnam nārrāta.

#### B (1)

1. Quid Corfidiō accidit?
2. Tēstāmentō apertō quid fēcit frāter ēius?
3. Quid dīxit alter, plangentium sonitū concitus?
4. Quid ōrāvit?
5. Quid nūntiāvērunt domesticī?

#### B (2)

1. Hāc nārrātā fābulā quid facere pater servōs iūssit?
2. Quōmodo rēgnum vīnī sortīmur?
3. Quid contigit patrī meō tālōs iacientī?
4. Quis arbiter bibendī est creātus?
5. Quid servīs imperāvit ut facerent?
6. Quid avum meum rogāvērunt servī?
7. Quā ratiōne vīnum bibimus?

### Patruus meus aliquid nārrat.

#### B (1)

1. Cūr putāvit patruus meus sordidum et sumptuōsum esse Lupercum?

2. Cūr aliud genus vīnī amīcīs, aliud lībertīs, appōnēbat Lupercus?

3. Quōmodo sine māgnō pretiō Sīlius omnibus eadem appōnere potuit?

## B (2)

Nārrā quid patruō meō acciderit apud Lupercum cēnantī.

## A (1)

Rescrībe hās sententiās antepositō aut *nōn multum abest* aut *haud multum aberat* in locō adverbiī *paene.*

1. Paene in flūmen cecidit.
2. Fenestram paene frēgimus.
3. Paene adest.
4. Paene adsunt fēriae.
5. Hominem paene interfēcit.
6. Magister paene īrascitur.
7. Paene perfēcī.
8. Rōmam paene pervēnimus.
9. Hōra paene praeteriit.
10. Crūs paene fractum est.

## A (2)

Scrībe in tempore perfectō :—

1. Magister discipulīs persuādet ut attentō sint animō.
2. Magister facile persuādet puerīs ut domum redeant.
3. Nēmo mihi persuādēre potest ut mentiar.
4. Quis īgnāvō persuādēre potest ut operī incumbat?
5. Quis avārō persuādēre potest ut pecūniam largiātur?

Scrībe in tempore praesentī :—

6. Nōbīs persuāsum est ut abīremus.
7. Persuāsit mihi ut redīrem.
8. Nēmo eī persuādēre potuit ut pecūniam redderet.
9. Mārcō persuāsimus ut in sepulcrō dormīret.
10. Illīs persuāsī ut mihi crēderent.

## C

1. Quis suō captus est laqueō ?
2. Quālis est classiārius ?
3. Quantum patrimōniī accipit hērēs ex asse ?
4. Quid iacimus ē fritillō ?
5. Quōmodo fūlīgine tēcta fit vīnī amphora ?
6. Cūr pice adstringēbātur cortex ?
7. Quantum interest inter cyathum et amphoram ?
8. Quid est crātēra ?
9. Quis est lībertus ?
10. Quāle est dictum facētum ?

### Fābula dē Thrasyllō.

1. Cūr nōn poterat Thrasyllus Charitae persuādēre ut sibi nūberet ?
2. Quid igitur facere cōnstituit ?
3. Quālēs ferās numquam patiēbātur Charitē marītum suum vēnārī ?
4. Cūr ūnā profectī sunt Thrasyllus et Tlēpolemus ?
5. Quid ē mediā silvā exsurrēxit ?
6. Quālis erat fera ?
7. Quōmodo canēs interfēcit ?
8. Quōmodo deinde effūgit ?
9. Quōmodo Tlēpolemum allocūtus est Thrasyllus ?
10. Quid deinde fēcit uterque ?

### B (2)

1. Aprum cōnsecūtus quid fēcit Thrasyllus ?
2. Quid equō accidit ?
3. Deinde aper quid fēcit ?
4. Quid ōrāvit Tlēpolemus ?
5. Sed Thrasyllus quid fēcit ?
6. Tlēpolemō interfectō quid fēcērunt servī ēius ?
7. Intereā quid simulābat Thrasyllus ?

8. Quid fēcit Charitē cum audīvisset Tlēpolemum esse mortuum?

9. Quōmodo servī eam domum reportāvērunt?

10. Posteā quid frustrā cōnābātur Thrasyllus facere?

### B (3)

1. Fūnere dūctō quid ēgit Charitē?

2. Quid dē eā crēderēs?

3. Cūr hoc crēderēs?

4. Quid tandem eī persuāsit Thrasyllus?

5. Sed quid deinde eam flāgitābat?

6. Cum ab hōc prōpositō abhorrēret Charitē quid facere cōnābātur?

7. Quid eī accidit tālia recordantī?

8. Quid dīxit umbra?

9. Hīs dictīs quid cōnstituit Charitē facere?

10. Quid igitur Thrasyllum iūssit facere?

### B (4)

1. Quid dedit eī cubiculum ingrēssō?

2. Deinde quid fēcit Charitē?

3. Nūdō arreptō gladiō quō sē prōripuit?

4. Quid apud sepulcrum fēcit?

5. Hīs rēbus cōgnitīs quid putābat Thrasyllus?

6. Quid igitur fēcit?

7. Quid clāmābat?

8. Quōmodo mortem sibi cōnscīvit?

9. Hāc nārrātā fābula quid dīxit alius convīva?

10. Quid omnēs reliquī flāgitābant?

### C

1. Quam pater tuus in mātrimōnium dūxit?

2. Cuī nūpsit māter?

3. Quālēs sunt canēs vēnāticī?

4. Quid facimus in latebrīs?

### Simōnidēs poēta.

#### B

1. Quid fēcit Simōnidēs in lītore ?
2. Quid eum monuit umbra ?
3. Cūr hoc eum monuit ?
4. Itaque quid fēcit Simōnidēs ?
5. Quid accidit eīs quī iam solverant ?
6. Cūr gāvīsus est Simōnidēs ?
7. Quōmodo grātiās ēgit prō tam praeclārō beneficiō ?
8. Quid ego dē hāc fābulā dīxī ?
9. Quid respondit fabulae dē Thrasyllō auctor ?
10. Cuī quid dīxit is quī dē Simōnide nārrāverat ?

### Comitēs Ulixis.

#### B

1. Ēversō iam Īliō ubi appulsus est Ulixēs?
2. Quid Temessae accidit ūnī ex comitibus Ulixis ?
3. Num Ulixēs cōnsilium iniit ut mortem ēius ulcīs-cerētur ?
4. Quid posteā Temessēnsibus accidit ?
5. Cūr Delphōs mīsērunt nūntium ?
6. Quid respondit Apollō ?
7. Quando Temessam vēnit Euthȳmus ?
8. Quid ōrāvit Euthȳmus cum dē virgine sacrificandā audiisset ?
9. Quid in templō accidit ?
10. Cūr adeō illūstrēs erant Euthȳmī nūptiae ?

### Caesar Rubicōnem trānsit.

#### B

1. Quid dubitāvit Caesar ?
2. Quid post sōlis occāsum fēcit ?
3. Lūminibus vehiculī exstīnctīs quid eī accidit ?

96

4. Quōmodo sub lūcem pedibus ēvāsit ?
5. Deinde quō contendit ?
6. Cum reputāret quantum mōlīrētur quid adstantibus dīxit?
7. Quid repente appāruit?
8. Cūr cōncurrērunt omnēs ?
9. Quid deinde imāgō fēcit ?
10. Quid dīxit Caesar ?

### Cubitum eō.

#### B

1. Quid timēbam dum fābulae nārrantur?
2. Dum pater nārrat cūius reī mihi cōnscius eram ?
3. Quis erat Valerius ?
4. Quid vīdī eum facere ?
5. Cūr hiāre incēpī ?
6. Quid mihi dīxit pater ?
7. Cūr plērumque cubitum īre nōlō ?
8. Cūr illō tempore nōn aegrē ferēbam mē dīmīttī?
9. Quālis numquam potest serēnus esse ?
10. Quid dīcit Horātius dē tālibus ?

### Dionȳsius et Dāmoclēs.

#### B

1. Quis erat Dionȳsius ?
2. Quid in sermōne commemorāvit Dāmoclēs ?
3. Quid eum rogāvit Dionȳsius?
4. Quid deinde iūssit servōs suōs facere ?
5. Quālēs iūssit ad mēnsam cōnsistere ?
6. Quid oportuit hōs facere ?
7. Dēscribe cēnam tōtumque apparātum.

8. Mediam inter cēnam quid accidit?

9. Quae cum Dāmoclēs vidēret quōmodo sē gerēbat?

10. Quid dēnique ōrāvit tyrannum?

### C

1. Quid interest inter iūrgium et rīxam?
2. Quid in pīstrīnō facimus?
3. Quālis via est trāmes?
4. Quid sīgnificat *harundō*?  Sīgnificatne alia?
5. Quōmodo āleā lūdimus?
6. Quid interest inter avunculum et patruum?
7. Quid faciunt assentātōrēs?
8. Quāle est aurum caelātum?
9. Quid est lacūnar?
10. Quid est strāgulum textile?

### Fūnus.

### B (1)

1. Cūr pater nōs iūssit vestēs mūtāre?
2. Quālis erat avus meus?
3. Quid faciēbat quotiēns eum vīsēbam?
4. Quando mortem obiit?
5. Marītō mortuō quid prīmum fēcit avia mea?
6. Quī sunt pollīnctōrēs?
7. Quid fēcērunt hī postquam cadāver humī dēposuērunt?
8. Quae cum gererentur quid faciēbat uxor?
9. Deinde cum mūnera sua cūrāvissent quid fēcērunt pollīnctōrēs?
10. Quibus factīs quid fēcērunt necessāriī?

### B (2)

1. Cūr trientem ōrī cadāveris imposuērunt?
2. Quid postrēmō est factum?

3. Cūr ita nōminantur vespillōnēs?
4. Quis pompam ōrdinābat?
5. Cūr aderant praeficae?
6. Quid faciēbat archimīmus?
7. Ut quid putāret frāterculus effēcit archimīmus?
8. Quālis erat rogus exstrūctus?
9. Cadāvere rogō impositō quid fēcērunt necessāriī?
10. Et quid fēcit vātēs?

### Tēstāmentum et līs inde orta.

### B (1)

1. Tēstāmentō apertō quid invēnimus?
2. Quid erat patris hērēditās?
3. Cūr molestiae initium nōbīs erat?
4. Quid prīmum cōnātus est pater facere?
5. Quid fēcit pater cum Libanus in iūs īre recūsāvisset?
6. Quid deinde fēcit Libanus nē in iūs īret?
7. Quid igitur fēcit pater?
8. Cūr dēnique Libanus domō est ēgressus?
9. Cum ad forum perventum est quid accidit?
10. Quid ōrāvit Libanus?

### B (2)

1. Cūr lēguleium arcessīvit pater?
2. Cūr vadēs poposcit?
3. Quid prōmīsit pater sē factūrum esse sī fundus sibi redditus esset?
4. Posterō diē quid putāvit cum nōndum adesset Libanus?
5. Cūr postulāvit ut Libanus satisdaret?
6. Quid spopondit uterque?
7. Quid dīxit māter inter cēnam?
8. Quōmodo iūrāvērunt iūdicēs?

9. Quālī habitū amictus est praetor ?
10. Quibus verbīs fundum patrī addīxit ?

### Rūs ītur.

#### B

1. Posterō diē quid dīxit pater ?
2. Cūr grātum mihi vidēbātur esse rūs ?
3. Quālia incommoda Iuvenālis dīcit urbī inesse ?
4. Quid nōbīs accidit dum per vīcōs vehimur ?
5. Cūr dīcit Horātius rūsticōs esse beātōs ?
6. Quando ad fundum nostrum pervēnimus ?
7. Quis nōs excēpit ?
8. Prānsus quid fēcī ?
9. Cūr beātus mihi vidēbātur esse vīlicus ?
10. Quōmodo intellēxī eum multum errāvisse ?

#### C

1. Cūr ita nōminātur diēs fāstus ?
2. Qui erant recuperātōrēs ?
3. Quid est sella curūlis ?
4. Quid est metrēta ?
5. Quid gūtō inest ?
6. Quid faciēbant Rōmānī strigilibus ?
7. Quid est pōmērium ?
8. Quid est faenus ?
9. Quid edēbant Pȳthagorēī ?
10. Quid propriē sīgnificat *lacerta* ?

### Dē gruibus.

#### B

1. Cūr abeunt gruēs ex Aegyptō ?
2. Quōmodo per āëra vehuntur ?
3. Cūr flūctuant in āëre ?
4. Cūr in ōre tenent lapidem ?

### Dē cervīs.

#### B

1. Cūr Rhēgium trānsmīttunt cervae ex Siciliā?
2. Cūr accidit ut dēficiant?
3. Quāle igitur remedium excōgitant?
4. Quid faciunt cum prīma cerva dēfatīgātur?
5. Cūr simulāvī mē vīlicō crēdere?
6. Quid posterō diē fēcī?

### Dolus piscātōrum.

#### B

1. Cūr Syrācūsās sē cōntulit Canius?
2. Cūr voluit hortōs emere?
3. Quis erat Pȳthius?
4. Quid fēcit cum audiisset Canium velle hortōs emere?
5. Cūr ad`sē vocāvit piscātōrēs?
6. Quid postrīdiē vīdit Canius in hortīs?
7. Quid igitur voluit facere?
8. ˙Quantī ēmit hortōs?
9. Quid posterō diē fēcit?
10. Deinde quid accidit?

### Ludī magister scelerātissimus.

#### B

1. Quid solēbant Falīscī facere dē puerīs ēducandīs?
2. Quis ērudiēbat prīncipum līberōs?
3. Cūr solēbat puerōs ante urbem prōdūcere?
4. Quōmodo inter hostium statiōnēs prōgressus est?
5. Quid Camillō dīxit?
6. Quid respondit Camillus?

7. Quid pueris dedit?

8. Cur has res pueris dedit?

9. Qualis societas erat inter Rōmānōs et Faliscōs?

10. Adversus quōs habēbant Rōmānī arma?

### Physiōgnōmōn.

#### B

1. Quid facere potest physiōgnōmōn?
2. Quid magistrum nostrum ōrāvit Zōpyrus?
3. Quid nōbīs imperāvit magister?
4. Cūr nōn facere potuit magister quīn Zōpyrō grātulārētur?
5. Quid deinde Zōpyrus magistrō persuāsit?
6. Cūr nōn potuī audīre quid dīceret dum caput magistrī pertractat?
7. Quid igitur fēcī?
8. Cūr nōn invēnī quid dīxisset?
9. Quid deinde fēcit magister?
10. Quid semper rogābāmus magistrum quotiēns molestiam eī volēbāmus afferre?

#### C

1. Quid facit argentārius?
2. Quid est cymba?
3. Quālēs sunt hortī īnstrūctī?
4. Quid sīgnificat *nōmina faciō*?
5. Cūr opus est scalmīs in cymbā?
6. Quid agimus fēriīs?
7. Cūr nautīs opus est saburrā?
8. Quid sīgnificat *macte*?
9. Quālis est physiōgnōmōn?
10. Quālis est trīstis magister?

### Advena.

#### B

1. Cum ad vīllam rediissem quid invēnī ?
2. Cūr vēnerat advena ?
3. Quālis erat ille ?
4. Quid ōlim fēcit cum nōn multum abesset quīn commīlitō quīdam interficerētur ?
5. Cūr voluī esse mīles ?
6. Quid post cēnam rogāvī patrem ?
7. Quid respondit pater ?
8. Cūr bella longinqua gerere cōguntur nostrī ?
9. Cūr Britannōs oppūgnāvit C. Iūlius Caesar ?
10. Quid māximē reī pūblicae interest ?

#### Pyrrhī medicus.

#### B

1. Cūr grātiās advenae ēgī ?
2. Cūr omnēs postrīdiē convēnimus ?
3. Quae cum vīdisset quid dīxit Sulpicius ?
4. Cuī quid respondit frāter meus ?
5. Quid ōlim fēcit Pyrrhus ?
6. Cūr Apollinem cōnsuluit ?
7. Quid respondit Apollō ?
8. Quō respōnsō audītō quid fēcit Pyrrhus ?
9. Inter quōs erat dē summō imperiō certāmen ?
10. Quid prōmīsit perfuga ?

#### Mārcus Atilius Rēgulus.

#### B (1)

1. Quālis erat M. Atilius Rēgulus ?
2. Contrā quōs pūgnāvit ?
3. Ā quō victus est ?

4. Cūr Rōmam mīssus est?
5. Quid prōmīsit sē factūrum esse sī nihil perfēcisset?
6. Quid Rōmānīs persuāsit?
7. Quid dē Carthāginiēnsibus dīxit?
8. Quid dē sē ipsō?
9. Quid eī cōnātī sunt Rōmānī suādēre?
10. Quid respondit? Quid posteā eī accidit?

## B (2)

1. Cūr dissēnsit Rēgulus condiciōnibus?
2. Quid dīxit sē vīdisse in dēlūbrīs Pūnicīs?
3. Quando erit ille fortis quī sē hostibus perfidīs crēdidit?
4. Cūr ab sē nātōs parvōs remōvit Rēgulus?
5. Cum ut exsul properāret Carthāginem quid sciēbat?

## C

6. Quid est fūcus?
7. Quibus rēbus cervās capimus?
8. Quid facit tortor?
9. Quae sunt clientum negōtia?
10. Quis lītem diiūdicat?

## Theātrum.

## B (1)

1. Ubi sēdimus in theātrō?
2. Quibus licet hīs in ōrdinibus sedēre?
3. Quid facit dēsīgnātor?
4. Quālis erat Nannēius?
5. Cūr timēbat dēsīgnātōrem?
6. Cūr dē eō carmen scrīpsit Mārtiālis?
7. Cum ad ultimam sēdem perventum esset quid fēcit Nannēius?
8. Cūr hoc fēcit?

9. Ita mihi rīsum mōvit ut quid facere cuperem?

10. Cūr putō vōs quoque carmen velle audīre?

## B (2)

1. Quid in theātrō agēbātur?

2. Quōmodo intellēxī tragoediam nōn placēre spectātōribus?

3. Quid poposcērunt spectātōrēs?

4. Quid trāns scaenam cucurrit?

5. Quid mihi accidit omnia haec spectantī?

6. Quid aulaeō erat intextum?

7. Quid putāvī dum aulaeum tollitur?

8. Quōmodo invēnī gigantas nōn esse vīvōs?

9. Quid est cucullus?

10. Quis erat Lēitus?

### Dē alcibus.

## B (1)

Adde vocābula lacūnīs idōnea:—

1. Tanta erat animālium varietās ut ego —— (mīrārī).

2. Alcēs prō cubīlibus ūtuntur —— (arborēs).

3. Vēnātor animadvertit quō alcēs —— (sē recipere).

4. Īnfīrmae tantō pondere afflīguntur arborēs ut ——
(dēcidere).

## B (2)

Dēscrībe alcēs.

## C

Expōne quid sīgnificent *vēnātor, cubīle, pellis.*

### Circus Māximus.

## B (1)

1. Dēscrībe Circum.

2. Quid facere cōnātur aurīga?

3. Quid factum est antequam cursus fieret?

4. Quid prīmum erat certāmen ?
5. Quot factiōnēs erant ?
6. Date factiōnum nōmina.
7. Quis vīcit ?

### B (2)

1. Quid dē aurīgīs dīcit Horātius ?
2. Dēscrībe curruum certāmen.

### C

Expōne tuīs verbīs quid sīgnificent *quadrīga, aurīga, factiō, ferre palmam*.

### Leō in arēnā.

### B (1)

1. Quālēs erant bēstiāriī ?
2. Quālis erat leō māximus ?
3. Quid Androclō vīsō facit leō ?
4. Cūr servus animum recipit ?
5. Quid rogat Caesar ?
6. Quō cōnsiliō Androclus in arēnārum sōlitūdinēs concessit ?
7. Quālem spēluncam vīdit ?
8. Quid prō leōne facit Androclus ?
9. Quamdiū simul vīxērunt ?
10. Quid prō Androclō faciēbat leō ?
11. Quō cōnsiliō profectus est leō ?
12. Quid intellegit Androclus ?
13. Quid dīcēbant hominēs Androclō et leōne vīsīs ?

### B (2)

1. Finge tē esse Androclum. Dēscrībe quid in arēnā acciderit.
2. Quālis cibus in sōlitūdinibus reperīrī potest ?
3. Quōmodo grātiās leō agit ?

## C

1. Dēscrībe vēnātiōnem.
2. Quī virī erant cōnsulārēs ?
3. Quae erant leōnis blandīmenta ?
4. Quid sīgnificat *grātulābundus* ?
5. In latebrīs quid faciunt hominēs ?
6. *Spēlunca* quid sīgnificat ?

### Pugilēs.
### B (1)

1. Dēscribe pugilēs.
2. Quid fēcit Entellus ?
3. Quālēs caestūs gerēbat ?
4. Quid prīmō fēcērunt Entellus et Darēs ?
5. Quid faciunt servī ?
6. Cōnfer Darēta cum Entellō.
7. Quid fēcērunt spectātōrēs cum Entellus prōcubuisset ?
8. Quālis rediit Entellus ?
9. Quālis erat Darēs post pūgnam ?

### B (2)

1. Dēscrībe pugilum pūgnam.
2. Cūr vīcit Entellus ?
3. Finge tē esse Entellum et pūgnam cum Darēte dēscrībe.

### C

1. Quid sīgnificat *caestus* ?
2. Ēnumerā et dēscrībe corporis partēs.

### Gladiātōrēs.
### B (1)

1. Quae verba ante pūgnam solēbant clāmāre gladiātōrēs ?

107

2. Post illa verba quid fīēbat ?

3. Quid gerēbat rētiārius ?   Quid mirmillō ?

4. Cuī favēbant spectātōrēs ?

5. Quid mortis sīgnum erat ?

6. Quis interfectus est ?

7. Quid factum est mirmillōne interfectō ?

B (2)

1. Verte in ōrātiōnem oblīquam :—

    (a) Moritūrī tē salūtant.

    (b) Quid mē fugis, Galle ?

    (c) Piscārī volō.

2. Cum spectātōrēs gladiātōrem interficī vellent, quid faciēbat imperātor ?

C

1. Cūr gladiātōrēs, rētiāriī, mirmillōnēs ita appellābantur ?

2. Ubi pūgnābant gladiātōrēs ?

3. *Spectāculum* cūr ita appellātur ?

**Dē puerīs in Senātū.**

B (1)

1. Quid puerīs nōn licet ?

2. Licēbatne anteā ?

3. Quōmodo vestītī introībant ?

4. Quid rogāvit puerum māter ?

5. Quid respondit ille ?   Dā ipsa verba.

6. Quōmodo animum mātris puer excitat ?

7. Quāle cōnsilium capit ?

8. Recitā senātūs cōnsultum.

9. Quōmodo sē gessit māter ubi cōnsultum audīvit ?

10. Cēterae mātrōnae quid ōrant ?

11. Cūr mīrābantur senātōrēs ?

12. Exposuitne rem bene Papīrius ?

13. Quid placuit ?

14. Quam ob rem cōgnōmen Praetextātī puerō est datum ?

### B (2)

1. Quid faciēbat senātus Rōmānus ?

2. Scīsne cūr puerī cum patribus in cūriam introīre solitī sint ?

3. Quālis puer erat Papīrius ?

4. Nārrā quid in cūriā factum sit.

### C

1. Quid sīgnificat *cūria* ?   Quid in cūriā faciēbant senātōrēs ?

2. Expōne quid sit mendācium.

3. Quando est puer praetextātus ?

### Lūcius patrī suō salūtem dat.

### B (1)

1. Quando Athēnās pervēnī ?

2. Quālis erat cursus ?   Quālēs erant ventī ?   Quāle est mare ?

3. Quid videō in cursū ?   Quid aliud ?

4. Quōmodo Athēnās Pīraeō iter fēcī ?

5. Quōmodo sē habent amita et cōnsobrīnī ?

6. Quālis est urbs ipsa ?

7. Quālēs Rōmae sunt Graecī ?   Quālēs Athēnīs ?

8. Quid Athēnīs faciam ?

9. Cūr ita faciam ?

10. Quid Propertius Athēnīs fēcit ?

### B (2)

1. Dēscrībe tuīs verbīs iter Lūcī Pīraeum factum.

2. Cūr prīscī admīrandī erant Graecī ?

109

3. Quālī vītā Athēnīs fruitur Lūcius ?
4. Cūr minus placent Graecī cum Rōmae habitant ?
5. Cūr ad patrem scrībit Lūcius ?
6. Quid dē Platōne, Dēmosthene, Menandrō scīs ?

### C

1. Quando est ventus secundus ?
2. Quid facit nauseam ?
3. Quid sīgnificant vocābula *amita, cōnsobrīnī, patruus* ?
4. Aliter verte *studiīs perfectīs.*

### Fīnis.

### B (1)

1. Quid adest ?
2. Quid mē oportet facere ?
3. Quid vōbīs, quid mihi, est faciendum ?
4. Ubi iam discam ?
5. Quid discam ?

### B (2)

1. Quid dēbēs facere cum ad fīnem librī pervēneris ?
2. Quālēs puerī dē Puerō Rōmānō discunt ?
3. Cūr Athēnīs potissimum discenda est ars ōrātōria ?
4. Quid imperat Anglicīs puerīs puer Rōmānus ?

### C

Quid sīgnificant vocābula *nārrātiō, pueritia, ars ōrātōria* ?

OXFORD : HORACE HART M.A.
PRINTER TO THE UNIVERSITY

CPSIA information can be obtained
at www.ICGtesting.com
Printed in the USA
BVHW042143040720
582969BV00002B/201